低アルコール

Low Alcohol Cocktail & Drink

カクテル・ドリンク

旭屋出版

低アルコールのドリンク市場が拡大中

コロナ禍を機に低アルコール化が進む

　アルコール・ドリンクへのニーズは、近年でこそストロング系が話題を集めることがありますが、その一方でライト志向は着実に進んでいるといわれています。飲酒習慣のある層においては、かつてのような深酒をする人はほとんどいなくなり、適度な酒量でお洒落に夜の時間帯を楽しみたいという層、そして料理にも合うアルコール・ドリンクを求める層が増えています。

　コロナ禍による生活の変化も、アルコールのライト志向の流れに拍車をかけたようです。家での飲食機会が増えたことが食生活を見つめ直すきっかけとなり、健康的な生活を送るために、飲酒習慣を体に負担の少ないスタイルにしようという人たちが増えました。

　こうしたニーズを反映してか、大手ドリンク・メーカー各社からはビールや酎ハイ、ワインなどにも低アルコールのものが登場。話題を集めるようになりました(5ページ記事参照)。従来よりも低アルコール・ドリンクに接する人たちは、増えています。またレストランやバーでも、「低アルコール」を謳ったドリンクをメニュー表に載せる店が見られるようになっています。

ヘビーユーザーにも普及中

　コロナ禍は、それまでのヘビーユーザーにも変化を及ぼしています。

　緊急事態宣言が明けて、お酒の提供時間に制限はあるものの、飲食店の営業解禁を機に、バーや居酒屋などの酒の店では、営業時間を早めてスタートし対応したところもありました。お客の側も時短のため、日頃から酒の場に馴染みのある人たちは、午後や夕方早くから来店できるようになりました。

　しかし来店者には、「さすがに日の高いうちから酔っぱらいたくない」「まだこの時期に赤い顔で電車に乗るのは気が引ける」と気にするお客が多くいました。酒やその雰囲気は楽しみたいが、以前のような楽しみ方は、まだできない…。ヘビーユーザーでもそうした心境のお客が、従来は注文したことのなかった低アルコールのカクテルに目を向けるようになりました。

　満足度の高い低アルコール・カクテルを知ることで、日常使いできる一品として、今後、ヘビーユーザーからのオーダーも期待できるようになっています。

アルコールが原則 2 ～ 8 ％ のカクテル

　低アルコールのドリンクに関心を持つ層が増え、バーをはじめ酒が中心の飲食店でも、そうしたお客のニーズに対応したドリンクを提供する必要が出て来ています。そこで本書では、低アルコール・カクテルについて、カクテル調合の専門家であるバーテンダーたちに取材しました。

　「低」の定義につきましては、事前に様々なバーテンダーのかたにお話をうかがい、本書では「原則としてアルコール分 2 ～ 8 ％」としました。これは、アルコール分が 2 ％以下だと一般にアルコール感を認識させるのが難しいこと、8 ％以上だとワインやカクテルでも同レベルのアルコールのものがあり、あえて「低」と謳えないことが理由です。

　ただし、「2 ％以下でもアルコール感を出せる」「8 ％以上だがスタンダード・カクテルより低い」など、バーテンダーそれぞれによって「低」に対する考え方は異なります。その場合は、バーテンダー各人の考え方の方を優先してカクテルをご紹介しています。

アルコールを抑えつつ満足感を高める

　一般に、カクテルは甘み・酸味・アルコールの 3 つのバランスで味づくりがなされます。単純にアルコール使用量を下げるだけではボディ感が弱く、飲んだ時の満足度が低くなってしまいます。本書のテーマはアルコール 0 の「モクテル」ではなく、アルコールの入る「低アルコール」のカクテルですので、アルコールを低く抑えながらも満足感を得られるドリンクにするには、どのような考え方・レシピが必要かを紹介しています。それにより、レストランなどの他業種でも応用できる一冊になっています。

　なお、低アルコール化の流れとは別に、若者を中心としてアルコール離れが以前から注目されており、そうした層は「ソバーキュリアス（あえて飲まない）」と呼ばれるようにもなっています。こうした層をターゲットにしたお店のために、弊社では 2021 年 8 月に『 MOCKTAIL BOOK ― 人気モクテルの世界 ― 』を発刊していますので、ぜひそちらもご覧ください。

旭屋出版　編集部

大手メーカーが注力する、低アルコール・ドリンク

サントリー

　アルコール分が3〜7％という市場で、様々なRTD（Ready to Drinkの略。購入後「すぐに、そのまま飲める」アルコール飲料）を打ち出しているのがサントリーだ。同社では「CRAFT−196℃」（アルコール分6〜7％）、「ほろよい」（同3％）に加え、「こだわり酒場のレモンサワー」（同6％）、「翠ジンソーダ缶」（同7％）、機能系のチューハイ「グリーンハーフ」（同5％）にも力を入れている。

　同社が2021年末に行った調査によると、RTD市場は14年連続前年を上回る好調ぶり。特にレモンRTD市場は大きく伸びているという。低アルコールRTDユーザーが自宅で飲むRTDに感じる魅力は「楽しい気分」「丁度良い酔い心地」で、「丁度良い酔い心地」を重視する人が飲みたいのは、アルコール分が3％のRTDという結果が出た。また同調査からは、「色々な種類を楽しみたい」「つくりにこだわってほしい」など、RTDへのニーズの多様化も進んでおり、同社では自社のものづくりを活かした需要の創造、新しい価値の提案を進め、消費者のニーズに応え、市場活性化に貢献していく予定だ。

サッポロビール

　サッポロビールから発売された低アルコール・ドリンクが、微アルコールビールテイストの「The DRAFTY」だ。

　ビール好き層の、酔い過ぎたくないという気持ちや、健康志向に応えるために開発した製品で、アルコール分は0.7％ながら、麦芽100％生ビールを原料に、自然な香りと麦の旨味を感じるスムーズな味わいという、ビール好きも納得する内容が魅力。

　低アルコール・ドリンクの市場に関しては、「2026年のビール類の酒税一本化に向けて、伸びしろは大きいと考えている。新カテゴリを市場に定着させるために、試行錯誤しながらマーケティング活動に取り組んでいく」（サッポロビールブランド担当者）と語る。

アサヒビール

　飲む人も飲まない人も、お互いが尊重し合える社会の実現を目指し、「スマートドリンキング」を推進しているのがアサヒビールだ。各人のペースで心地よい時間を楽しめる選択肢を拡大させるために、アルコール分0.5％の「ハイボリー」「ビアリー」を発売している。「ノンアルコールを含む低アルコール市場は高成長を遂げており、今後も成長が見込まれる市場と考えています。当社の調査では、『お酒を飲まない／飲めない』方は国内に4000万人いると想定されます。今後、お客様のニーズや嗜好を把握し、多様性を尊重し合える商品やサービスを展開し、更なる市場拡大を図っていきたい」（アサヒグループジャパン広報室）

2019年の発売以来人気のブランド「ほろよい」。「レモみかん」は2022年2月発売。味のバリエーションも豊富。

−196℃製法の果実浸漬酒、スピリッツリキュール工房の原料酒を使用。「オレンジ」「リンゴ」（アルコール分6％）もある。

麦芽100％生ビールが原料の、ビール好きも納得の味わい。アルコール分は0.7％でビール時間を充実させたい層向け。

アルコール分0.5％のハイボール。ニッカウヰスキー社のブレンダーが厳選したモルト原酒とグレーン原酒の本格派の味わい。

CONTENTS 目次

撮影：後藤弘幸、曽我浩一郎（本誌）、佐々木雅久、川井裕一郎、間宮 博　デザイン：スタジオ ア・ドゥ（もりやまあつこ、林 優子）

本書をお読みになる前に

- 本書は、低アルコール・カクテルのレシピと考え方を、人気バーのバーテンダーのかたに取材し、掲載しています。
- 「低アルコール」の定義は、便宜上、原則として2％～8％としました。これはバーテンダーのかたとの事前相談で、2％以下だと一般的にアルコールを感じさせにくいこと、8％以上だとすでに同程度のアルコールを含むカクテルやワインなどがあり、あえて「低」と謳えないためです。ただし、「スタンダード・カクテルより低い」「2％以下でもアルコール感を出せる」など、バーテンダーによっては異なる考えをお持ちの場合もありますので、その場合はバーテンダーのかたの考えを優先しています。
- ご紹介したカクテルには、およそのアルコール分をABV（Alcohol By Volume）で表記しています。
- アルコール分は、「カクテル素材（お酒）の量×それらに含まれるアルコール分（％）＋副材料の量×それらに含まれるアルコール分（％）÷カクテルに使用した素材の総量＋氷の溶ける量」で計算しています。なお氷の溶ける量は、ステア、シェークを問わず10mlとしました。
- カクテル名は、取材したバーテンダーからいただいた表記で、基本的に英語か日本語です。英語の場合は各単語の頭文字のみを大文字にしていますが、要望に応じて全て大文字にしているものもあります。
- 各お店の概要は、2022年4月28日現在のものです。

Cocktail Bar Nemanja
ネマニャ

北條 智之

オーナーバーテンダー

「バー・ピガール」「東京會舘」「ホテル・グランドパレス」を経て、「カクテルバー・マルソウ」統括マネージャーを17年務め、2013年に『カクテルバー・ネマニャ』をオープン。一般社団法人 全日本フレア・バーテンダーズ協会名誉会長、アジア・バーテンダーズ協会相談役、「フェルディナンズ・ザール・ドライジン・ジャパン」アンバサダー。

低アルコール化で足りなくなる点は、辛い刺激、酸の刺激、苦みの刺激で補うようにしています

この2年間のコロナ禍で、あまり酔わずに帰りたい、あまり騒がずに静かに飲みたいというお客様が増えています。それが低アルコール・カクテルにスポットライトが当たる一因なのでしょう。女性層は元からそうでしたが、男性層にもそうしたお客様が広がっているようです。これからも、低アルコールで雰囲気を楽しめるカクテルを求める層は広がっていくのではないかと思います。

私自身、元々、カクテルを含むミックス・ドリンクが全般に好きで、現在のようにノンアルコール・カクテルが注目される前から、海外事情などの情報収集を行っていました。そうすると、低アルコール・カクテルのバリエーションは結構あることが分かりました。

私の中では、「ロー・アルコール」の定義としてはアルコール分はビールと同じくらいの5％がピークではないかと考えています。最低でも2％は欲しい。でないと、アルコール感がほとんど感じられないからです。上限は7〜8％以上あると、ワインやカクテルでもそのくらいのアルコール分のものはたくさんありますから、低アルコールと銘打つことは難しいのではないかと感じています。

そうしたこともあり、モクテルや低アルコール・カクテルに利用できる素材として、「ノンアルコールジン・ネマ0.00％」シリーズを開発したり、地元・横浜が由来となっているトニック・ウォーターを開発監修したりとさまざまな素材づくりを行ってきました。それらを利用して、現在、低アルコールカクテルは、30種類くらい作っています。

カクテルを低アルコール化することによって、アルコールの刺激感や満足感は当然弱くなります。そこで、その質感（濃度）に納得していただくには、どのようなカバーができるかがポイントだと思います。

スタンダード・カクテルをツイストする場合でも、甘さ、酸味のバランスは元のカクテルと同じように感じさせ、ボディ感を再現することが必要です。私は、アルコールが減って足りなくなった部分は、辛い刺激（唐辛子や生姜）、ビネガーなどでの酸の刺激、苦みの刺激などで補うようにしています。

カクテルバー ネマニャ
■住所　神奈川県横浜市中区相生町1-2-1
　　　　リバティー相生町ビル6階
■電話　045-664-7305
■URL　https://www.bar-nemanja.com/
■営業時間　18:00〜翌2:00
　　　　　　（土曜月は〜23:00）
■定休日　日曜日、祝日

Chica Margarita

ABV
5.7%

チカ・マルガリータ

テキーラで作る代表的なショート・カクテルのマルガリータを、低アルコールで作りました。ここではメインとなるテキーラは、5mlしか使っていません。そのため、どうしてもインパクトが弱くなります。そこでテキーラと同じ素材でテキーラよりも個性の強いメスカルを、テキーラの代わりに使い、少量でもしっかりとした骨格を出します。また低アルコールでは、シェークすると液体が硬く、混ざりにくいので、ステアにしました。トニック・ウォーターは、1/4量程度に煮詰め、苦みを強く、酸味を柔らかくしたものを使っています。アクセントとして、乾燥唐辛子、乾燥ライムジュースを合わせた塩（タヒン）でスノースタイルにしています。ひと口飲むとしっかりとした酸味もあり、言われないとアルコール感の低さを感じさせず、マルガリータを飲んでいるような味わいです。

メスカル … 5ml
コアントロー… 5ml
煮詰めたトニック・ウォーター… 40ml
ライム・ジュース … 10ml

タヒン

1 カクテルグラスは、タヒンでスノースタイルにしておく。

2 ミキシンググラスに材料を注ぎ、ステアして**1**のグラスに注ぐ。

テキーラの代わりに、より個性の強いメスカルを使うことで、少量でもテキーラの味わいを表現した。アルコール分は37％。

Amour Ferulu

アモーレ・フェルル

ABV
2.5%

「パルフェ・タムール」は、そのきれいな色あいから、日本ではバイオレット・リキュールとして知られています。ジンと合わせた「ブルームーン」や、レモン・ジュースとシロップを合わせた「バイオレット・フィズ」が最も有名なカクテルです。ここでは「ノンアルコールジン・ネマ0.00％スタンダード」と合わせ、花つながりで相性も良い「FARR BROTHERSフローラルトニックウォーター」で満たしました。カクテルでしか出せないきれいな色彩とフローラルな香りで、アルコール感の低さが気になりません。ガーニッシュのエディブルフラワーやハーブも、華やかな雰囲気を高めてくれます。

「ノンアルコールジン・ネマ0.00％スタンダード」
… 30 ml
「パルフェ・タムール」… 15 ml
「FARR BROTHERS フローラルトニックウォーター」… 90 ml

エディブルフラワー
好みのハーブ（写真はジャスミン、セージ、フェンネル、ブラックミント）

1 氷を入れたワイングラスに「パルフェ・タムール」とノンアルコール・ジンを注ぐ。

2 トニック・ウォーターを注ぎ、エディブルフラワー、好みのハーブを飾る。

北條氏が開発した、日本で初めての「ノンアルコールジン・ネマ0.00％スタンダード」。ジンを使わずジンのテイストが出せるので、低アルコール化には最適の素材。

クラフト・ジンのために開発したトニック・ウォーター。バラ、カモミール、オレンジ、エルダーフラワーの香りを利かせた。クワッシャー（苦木の樹皮）も加えており、苦みの余韻が長く続くのが特徴。

First Fashioned

ファースト・ファッションド

ビター・カクテルが注目されている近年の状況に合わせ、ビターズを使って低アルコール・カクテルを提案。スタンダード・カクテルでもシンプルで人気の一品を、低アルコールに仕上げました。「オールド・ファッションド」は本来、角砂糖にビターズを垂らし、バーボンを注ぐイメージです。しかし発祥の地のカクテルを調べると、チェリーの味わいと香りがキーポイントと分かりました。そこで、チェリーの風味を活かせるよう調合しました。バーボンではなく、ノンアルコールのウイスキーと樽で熟成させたチェリー・ブロッサムを加え、甘みとしてアガベシロップを使いました。オールド・ファッションドは、アルコール分は最低でも30％以上ある強いカクテルです。そうした強いお酒に慣れない人でも、最初の一杯としてほしいと思い、「ファースト」と名付けています。慣れたらぜひ「オールド」の方に。

「ノンアルコールジン・ネマ0.00％ウイスキー」
… 45ml
樽熟成したチェリー・ブロッサム … 15ml
「フェルディナンズ・ビターズ・レッドヴィンヤード
ピーチ＆ホップス」… 1dash
アガベシロップ … 5ml

オレンジゼスト
マラスキーノ・チェリー
ミントの葉

1 オールド・ファッションド・グラスに
　材料を注ぎ、氷を入れる。
2 マラスキーノ・チェリー、オレンジ・
　ゼスト、ミントの葉を飾る。

ノンアルコールジン・ネマ
0.00％」シリーズの一つ。
ウイスキー香が香る。

爽やかさが特徴。ピーチ
とホップのビターズ。アル
コール分は44％。

横浜生まれのカクテル「チェリー・ブロッサム」を、樽で45日熟成させたもの。ヴェルモットも加えているため、上記カクテルはロブロイに近い味わいになっている。

Madam Negroni

マダム・ネグローニ

ABV
5.5%

最近人気の「ネグローニ」は、イタリア生まれ。ジン、ヴェルモット、カンパリを同分量にして作る、華やかでほろ苦い味わいのスタンダード・ショート・カクテルです。通常、アルコール分は28％前後と比較的強めのカクテルを、さっぱりと飲んでもらえる低アルコールのロング・カクテルとして考案しました。ジンは使用せず、ヴェルモットの個性と、カンパリの苦みに合わせて使ったトニック・ウォーターで爽やかなテイストを出し、ジンの香りを補いました。

スイート・ヴェルモット … 20 ml
カンパリ … 20 ml
「FARR BROTHERSシトラストニックウォーター」
… 100 ml

エディブルフラワー（写真はニガヨモギ）
ピンクペッパー
オレンジ・ピール

1 氷を入れたグラスに、スイート・ヴェルモットとカンパリを入れてステアする。

2 トニック・ウォーターで満たす。

3 エディブルフラワー、ピンクペッパーを飾り、オレンジ・ピールを絞りかける。

ヴェルモットは、苦みと甘みに奥行きのあるカルパノ社の「アンティカ・フォーミュラ」。アルコール分は16.5％。

トニック・ウォーターは、FARR BROTHERSの「シトラス」。グリーンカルダモンやメースを使い、柑橘由来の苦みが特徴。

Smart Martini

スマート・マティーニ

ABV
5.9%

アルコール分はおよそ35％と、高アルコール・カクテルの代表格「マティーニ」を、低アルコールで提案しました。実は普段でも、低アルコールタイプのマティーニは出していますが、ここではそれとは別バージョンの配合で提案しました。マティーニはシンプルな配合ですから、これだけ高いアルコール分を下げるとなると、主材料のジンを減らす以外に方法はなく、その結果、アルコールの骨格がなくなってしまいます。そこで「ノンアルコールジン」を使いました。それも、ドライジン・タイプではなく、甘みのあるオールドトム・ジン・タイプをメインに、さらにアブサン・タイプも使い、ボディの骨格を出しました。全体の骨格はアカシアハニーの甘さで出しています。そして味わいはヴェルモットで出しました。このヴェルモットは、ややアブサンと似ているタイプを使っています。合わせて、ビネガーで刺激感を出しました。

「ノンアルコールジン・ネマ0.00％オールドトム」… 40ml
「ノンアルコールジン・ネマ0.00％アブサン」… 10ml
「フェルディナンズ ザール ホワイトリースリング バレルエイジド ヴェルモット」… 30ml
アカシアハニー… 10ml
「フェルディナンズ・ビターズ・リースリング＆クインス」… 1dash
グレープ・ビネガー… 5ml

オリーブ
オレンジ・ピール

1 ミキシンググラスに材料を入れ、蜂蜜をしっかりと溶かしてから、氷を入れてステアする。

2 グラスに注ぎ、オリーブを沈める。オレンジ・ピールを絞りかける。

「ノンアルコールジン・ネマ0.00％」のオールドトム。穏やかな甘みが特徴。

「ノンアルコールジン・ネマ0.00％」のアブサン。9種類のボタニカルを使用。

ドイツのジン・メーカーが作る、アブサンに似た香りのヴェルモット。アルコール分は18％。

Salty Caramel
ソルティー・キャラメル

ABV
3.2%

数年前から、横浜で生キャラメルが話題になっていることから、「飲む塩キャラメルを作りたい」と思い考案したオリジナルのデザート・カクテルです。液体の塩麹を溶かし、大豆レシチンを加えて泡立てた「ソルト・アイレ」を山盛りにのせ、見た目にも楽しさを出しました。この泡の塩けがミルクキャラメルのような甘さを引き立てますから、アルコールのイメージが苦手な女性でも、ソフトドリンク感覚で楽しく飲めます。アルコール分の低さは、ミルクと卵黄を加えて口当たりの濃度とコクを出すことでカバーしています。

キャラメル・リキュール … 30 ml
キャラメル・シロップ … 15 ml
卵黄 … 1個分
ミルク … 60 ml
液体塩麹 … 5 ml

ソルト・アレイ（大豆レシチン、お湯、液体塩麹）

1 ソルト・アレイを作る。お湯に大豆レシチンを溶かし、液体塩麹を加えて溶かしたら、エアレーションにかけて細かく固い泡を作っておく。

2 残りの材料をミキサーに入れて回す。

3 グラスに注ぎ、1のソルト・アレイを山盛りにのせる。

使用したのは、日仏共同開発のキャラメル・リキュール「ヴェドレンヌ・クレーム・ド・カラメル・カラメラ」。アルコール分は15％。

ロー‐ノン‐バー
LOW-NON-BAR

髙橋 弘晃

バーテンダー

銀座の老舗バーでバーテンダー修業に入り、その後、ミクソロジーの仕事も学ぶ。2016年、㈱オーチャードナイト入社。「カクテルワークス東京」に勤め、2020年からノンアルコール部門の担当として2021年に再オープンした『Low-Non-Bar』でバーテンダーを勤める。

低アルコール・モクテルの専門店として、香りを足していく独自のアプローチを取っています

私がお酒がメインのバーで働いている際は、低アルコール・カクテルを即興で作る場合には、モクテルの構成に、ほんの少しウォッカを足すなどのアルコール調整が主でした。しかしモクテルと低アルコール・カクテルの専門店として低アルコール・カクテルを作るうえで、改めて少量のお酒が入る役割（仕方なく入るのではなくて）を考えた際に、以下のような考えにまとまりました。

通常のバーであれば、スタンダードなカクテルをベースにすることが多いと思うのですが、『ロー・ノン・バー』はノン・アルコールが基本なので、低アルコール・カクテルに対しても少しアプローチは違うと思います。ノン・アルコール・カクテルから香りを足していくという感じです。

お客様目線でいうと、アルコール分も大切ですが、お酒が弱いかたが本当に気にするのは、そのアルコールが自分にどう影響するかで、どちらかというと摂取量を気にされます。したがってバーからのご提案としては、極論すると、強いカクテルやお酒をストレートで少量ゆっくりとチェイサーとともに飲んでいただく、ということ

も選択肢としてありえます。

ベースに使うものが蒸留酒の場合には、その特性を活かしたほうがいいでしょう。蒸留酒そのものは、基本的にはアルコール、水、香気成分がほとんどを占めています。少量しか入れられない低アルコール・カクテルに関しては、通常のクラシック・カクテルを作るようにアルコールで味わいの骨格を作ることが、ほぼ不可能ですので、香りを活かすことに集中した方がレシピが決まりやすいです。蒸留酒の強みはアルコールの強さより、水溶性、脂溶性を問わず様々な香気成分を液体の中に留めておけるという特性がありますから。

一方で、醸造酒やビターズ、リキュールなどは五味がしっかりと入っていますので、その味わいを利用してみると低アルコール・カクテルに幅が広がります。特にビターズなどは苦みがしっかりとありますので、味わいの骨格を作るうえで重宝します。食の嗜好品には、苦みと、似たところでは渋みなども入っていますので、低アルコール化ではこうした要素も重要になってきます。

ロー-ノン-バー
- ■住所　東京都千代田区神田須田町1-25-4
　　　　マーチエキュート神田万世橋1階-S10
- ■電話　03-4362-0377
- ■URL　https://orchardknight.com/bar/
　　　　low-non-bar
- ■営業時間　14:00〜23:00
- ■定休日　無休（施設休館日に準じる）

Woodland Mist

ウッドランド・ミスト

ABV
4.2 %

乳香とも呼ばれる「フランキンセンス」は、古代アフリカでは神に捧げるお香として大切にされ、ミルキーな特徴からか「森林の霧」とも表現されます。その個性を活かして創作したカクテルで、カクテル名も「森林の霧」に沿っています。見た目にも霧を表現するために、レモングラスのアロマスモークを焚いて仕上げました。第一印象としてスモークの幻想感、その香りの個性から、アルコール分が少なくても満足感は低くなりません。ここでは味わいのボリュームとして、ノンアルコールの日本酒を使いました。大吟醸の香りは、フランキンセンスの香りとも相性が良い素材です。香りと味に柑橘の香りが強く出ますので、それに負けないよう、スパイスを潰してアルコールに香りを移すようにしています。

フランキンセンスウォッカ（※）… 10 ml
ノンアルコール日本酒「月桂冠」… 10 ml
レモン・ジュース … 10 ml
レモン・シャーベット（※）… 10 ml
ソーダ … 45 ml
ジュニパーベリー … 4粒
カルダモン … 1粒
ナツメグ … ごく少量

レモングラスのアロマスモーク

1 フランキンセンスウォッカとスパイスを合わせ、ペストルなどで潰しながら、アルコールに香りを移す。

2 バーズ・ネストで濾してワイングラスに注ぎ、ノンアルコール日本酒、レモンジュース、レモンシャーベットを加える。氷を入れて軽くステアする。

3 ソーダ（硬水で代用可）を注いだら、レモングラスのアロマスモークで満たす。

大吟醸のテイストをイメージした、アルコール分0.00％のドリンクで、ボリューム感を出した。

※フランキンセンスウォッカ

フランキンセンス樹脂（オーガニック）… 5g
ウォッカ（「ケテル・ワン」か「ソビエスキー」）… 200 ml

1 ウォッ○に○ーガニックのフランキンセンス樹脂を加え、3日ほど浸漬する。

2 コーヒーフィルターで濾す。

※レモン・シャーベット

レモン … 適量
グラニュー糖 … 適量

1 なるべく皮の薄く、表面がつるつるしたレモンを選び、洗剤のついたたわしで表面をごしごしと洗い、ワックスを落とす。

2 ピーラーで皮を削ぎ、取り残ったレモンを優しく絞る。皮は取っておく。

3 絞ったレモン・ジュースを計量し、それと同量のグラニュー糖を、ジップロックなどの袋に入れ、2のレモンの皮も入れ軽くもみ、半日〜1日置く。

4 レモンの表面からオイルが出てきて砂糖が溶けたら、2で絞ったレモン・ジュースと一緒に鍋に入れる。

5 弱火で撹拌しながら、砂糖が溶けたら火から外して濾し、急冷する。

Survive
In The Afternoon

サバイブ・イン・ジ・アフターヌーン

文豪ヘミングウェイが考案したという「デス・イン・ジ・アフターヌーン」をツイストしたカクテルです。元のカクテルは、ジンとシャンパンを使った、リッチでパンチのある味わいが特徴で、海外でも人気です。ツイストするにもシャンパンは外せないので、これをノンアルコールのスパークリングワインに代えました。ジンの代わりには、シャンパンとも相性が良く、少量でも香り高いアブサンを使用。アブサンは"通好み"の酒として知られますが、低アルコール・カクテルだとお酒に弱いかたにも楽しんでもらえます。これらのつなぎとして、ラズベリー・コーディアルを加えました。アルコールが低くなった分、独特の酸味と優しい味わいのホエイを用いてボディ感を出し、まろやかにしました。低アルコールとは思えない、複雑なカクテルに仕上がりました。

「アブサン・オーガスト・ジュノ」… 10 ml
ラズベリー・コーディアル（※）… 20 ml
ホエイ（※）… 50 ml
「ジョエア・オーガニック・スパークリング・シャルドネ」… 適量（写真は60 ml）

1 「ジョエア」以外の素材をシェークする。
2 大きめのクープグラスに注いだのち、「ジョエア」で満たす。

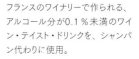

フランスのワイナリーで作られる、アルコール分が0.1％未満のワイン・テイスト・ドリンクを、シャンパン代わりに使用。

※ラズベリー・コーディアル

ラズベリー… 300 g
グラニュー糖… 240 g
ローズウォーター or 「ノンアルコール・ジン・ネマ0.00％スタンダード」… 30 ml
スピリタス… 15 ml

1 ラズベリーをブレンダーにかけ、ピューレ状にする。
2 砂糖を加え再度撹拌して溶けたら、残りの素材も加え、目の細かいバーズ・ネストで濾す。

※ホエイ

ミルク… 100 ml
レモン・ジュース… 10 ml

1 鍋にミルクを入れ、弱火で50℃程度までゆっくりと温めて火から下す。
2 1の鍋にレモン・ジュースを加えて軽く混ぜ、10分程度、分離するのを待つ。
3 さらしやキッチンペーパーで濾して、冷蔵保存する。
☆ プレーンタイプのヨーグルトを、さらしで水切りしたもので代用可。

Spicy Mule

スパイシーミュール

ウォッカをベースに、6種類のスパイスを使って香りでインパクトを感じさせるカクテルに仕上げました。ウォッカには、笹を漬け込んでグリーンな香りを移しています。青臭い香りはなく、ズブロッカに似た感じになっています。このウォッカにスパイスを加えて潰すことで、香りがいくつもぶつかって複雑な味わいとなり、ウォッカ由来のアルコール分が低くても、それを感じさせません。ジンジャービアーの香りもあって、アルコール分は3％を切るくらいですが、「アルコールを飲んだ」という満足感があります。低アルコールにする意味があるカクテルだと思います。

笹ウォッカ（※）… 10ml
スパイス・ミックス（※）… 1set
ライム・ジュース … 10ml
ジンジャービアー「FEVER TREE」
… 適量（写真は100ml）
フレッシュ・パイナップル … 1/8個
アニス

1 笹ウォッカにスパイス・ミックスを入れ、ペストルなどで潰しながら香りを移す。

2 バーズ・ネストで濾し、ライム・ジュース、フレッシュ・パイナップルと合わせてブレンダーにかける。

3 粗目のバーズ・ネストで濾しながら、氷を入れたロックグラスに注ぐ。

4 アニスを飾る。

※笹ウォッカ

ウォッカ … 700ml
熊笹 … 4枚

1 熊笹は水で軽く洗い、水けを拭きとる。

2 ウォッカに**1**の熊笹を漬け込み、一週間したら使用可。笹は漬け込んだままでもよい

※スパイス・ミックス

セイロンシナモン … 約3cm
ピンクペッパー … 小さじ1
コリアンダーシード … 小さじ1
カルダモン … 2粒
クローブ … 2粒
タカノツメ … 好みで加えても良い

3種のフレーバーの違うジンジャーを使用した、辛みが後を引くジンジャービアーを使用。

The Woman
In The Red Dress

ABV
1.8%

赤いドレスを着た女

映画『マトリックス』に登場する赤いドレスを着た女性を参考に、クランベリー・ジュースを使って赤い色を出し、"危険な香り"を表現したカクテルです。低アルコールでも骨格を出すには苦みが有効なことから、近年、注目されているビターズを使ったカクテルとして提案しました。ビターズは、甘みと苦みのバランスが良い「アンゴスチュラ・ビターズ」を5〜8ml。それと相性の良いイチゴも組み合わせています。アルコール分はわずか1.8％。アルコール分を落とすとどうしても単調になりやすいので、メースの柔らかなほろ苦い香りを組み合わせました。メース・ティンクチャーは、メースをアルコール分の高いスピリタスに漬けていますが、漬け込み後に加水して40％に落としたものを使っています。

「アンゴスチュラ・ビターズ」(または好みの
ベリーと相性の良いビターズ)… 5〜8ml
クランベリー・ジュース … 30ml
オレンジ・ジュース … 20ml
バニラ・シロップ(※) … 5ml
メース・ティンクチャー(※) … 1dash
イチゴ(「とちおとめ」など香りの強いもの)
… 3〜4個

1 全ての素材をブレンダーに入れ、撹拌する。
2 ボストン・シェーカーでシェークし、グラスに注ぐ。

※バニラ・シロップ

水 … 200ml
グラニュー糖 … 200ml
バニラビーンズ・ペースト … 適量

1 鍋に湯を沸かし、グラニュー糖を入れて溶かして火
から下す。
2 バニラビーンズ・ペーストを加え、粗熱を利用して溶
かしたら、氷水などをあてて急冷する。

※メース・ティンクチャー

メース … 10g
「スピリタス」… 45ml
水 … 45ml

1 「スピリタス」にメースを漬け込み、
常温で3日間放置する。
2 スパイスを濾して、水を加える。
☆ 加水すると白濁するのでそのままで
もいいが、その分、アルコール分が
高いため、使用の際は分量に気を
付ける。

薔薇／米焼酎／ライチ

ベースに使うアルコールは、バー用に開発された米焼酎。特有のエステル香が、バラの香りとも相性が良いことから、バラを使った素材を組み合わせました。「バラのコンブチャ」とは、バラのハーブティーを作り、それをベースに酢酸菌を加えて発酵させたもの。バラの香りとともに、少し酸味もあります。バラの風味はライチとも相性が良いことから、ライチ・リキュールの「ディタ」を少量組み合わせました。相性の良い素材同士を掛け合わせ、それらが組み合わさった香りから、アルコール感を抑えても満足感を高められるようにしています。

米焼酎「The SG Shochu KOME」… 10 ml
バラのコンブチャ（※）… 適量（写真は90 ml）
「ディタ」… 3 drop
シンプルシロップ＆レモン・ジュース
… 分量外（コンブチャの味わい調整で使用）

1 ミキシンググラスに全ての素材を注ぎ、軽くステアする（コンブチャは時間経過で味わいが変化していくので、シンプルシロップ＆レモン・ジュースを用いて日々調整する）。

2 ワイングラスに注ぐ。

「バーで楽しめる」ことをコンセプトに開発された米焼酎。吟醸酒のような香りもある。アルコール分は40％。

※バラのコンブチャ

ローズレッド … 5 g
ローズピンク … 5 g
水 … 300 ml
グラニュー糖 … 適量
「スコビー」… 小さなかたまり1

1 沸騰した湯にハーブを加えて、2〜4分蒸らす。

2 ハーブティーの10％のグラニュー糖を加え溶かす。

3 急冷し、清潔なガラスの容器に入れ、スコビーも加える。

4 清潔なさらしで口の部分を覆いしっかりと輪ゴムなどで止める。

5 毎日味見をして、好みの味わいになったら濾して冷蔵保存する。

☆ 夏場3日程度、冬場一週間程度で発酵。好みのテイストになったらスコビーを濾して、ボトリング。冷蔵保存。

エスプレッソ／スパイス／バナナ

ABV 0.8%

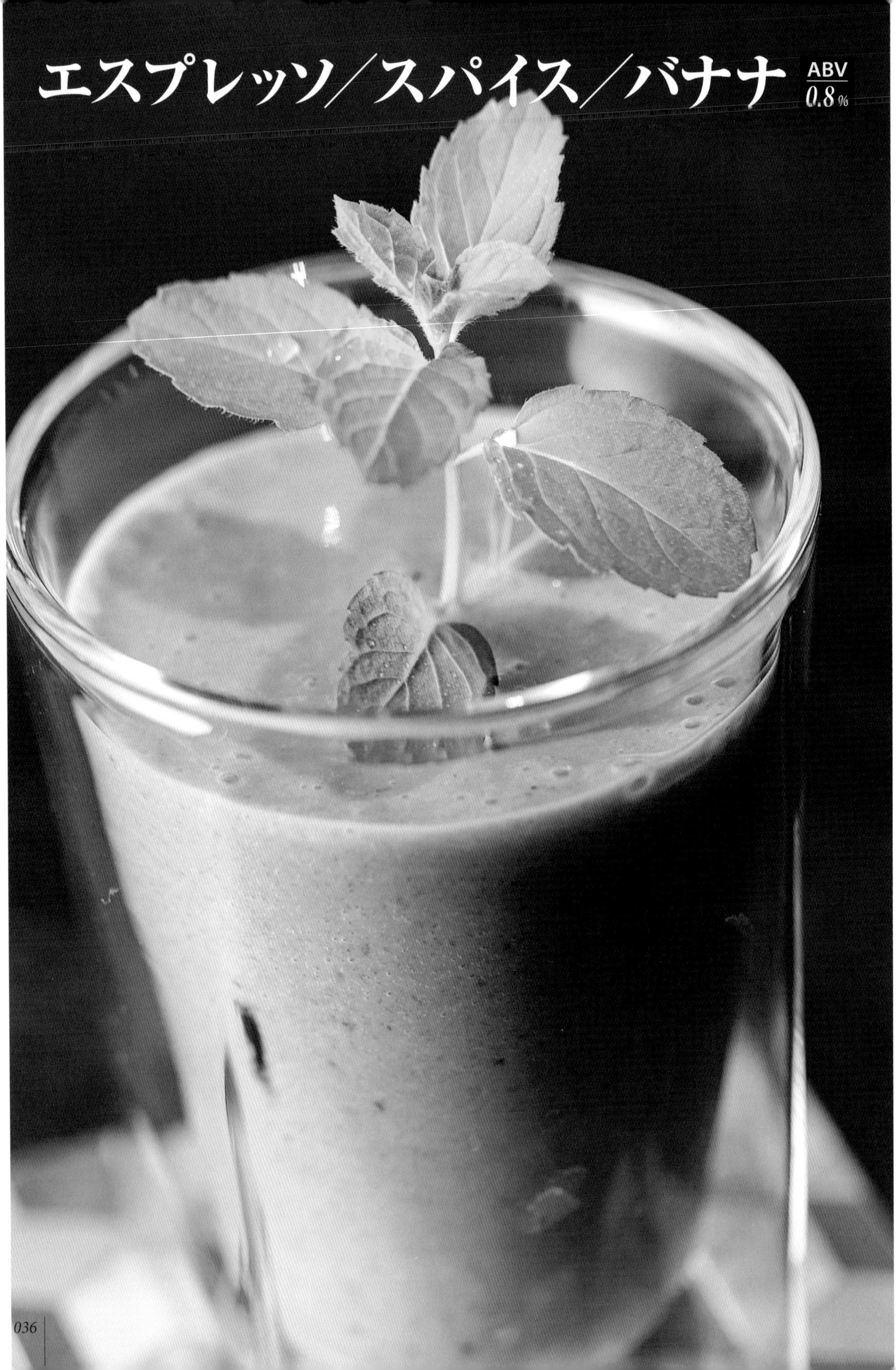

デザートのような、とろっとしていて美味しい、皆が大好きな味わいのカクテルです。濃縮コーヒーと、シナモンの香りが強いアボッツ・ビターズとも相性が良く、生クリームのコクとバナナの爽やかな甘ささ、そして柑橘系と相性の良いコーヒーのほろ苦い香りがマッチします。コーヒーは、本来ならエスプレッソを使いたいところですが、専用のマシンや器具が必要なエスプレッソは、バーではなかなか使えない素材。かといって、お湯で抽出したコーヒーをそのまま冷ましてしまうと、雑味が出て来ます。それを、カフェなどでは近年話題のコールドブリュー（水出し）にすることで、コクを出しました。専用の器具が不要な分、バーでも扱いやすい素材だと思います。

濃縮コーヒー（※）… 30ml
グレープフルーツ・ジュース… 30ml
生クリーム… 20ml
「ボブス・ビターズ・アボッツ」… 3dash
バナナ（エクアドル産の熟れたもの）
… 1/2本

1 全ての素材と少量のクラッシュアイスを、ブレンダーに入れて撹拌する。

2 グラスにバーズ・ネストで濾しながら注ぐ。（砕氷を取り除く程度の粗さのバーズ・ネスト）

※濃縮コーヒー

コーヒー豆… 50g
水… 300g

1 中挽きしたコーヒー豆を容器に入れ、豆に対して水を静かに注ぐ。

2 混ぜずに常温で7時間程度抽出。

3 オイル分も一緒に落とせるように金属フィルターで濾す。

☆ コーヒー豆の種類はお好みで（ノンアルコールで使用することが多い場合は中〜深煎りのものでオイルが出てくるものがオススメ）。

苦みのしっかりときいた、近年注目のビターズで骨格を出した。アルコール分は40％。

居酒屋などでよく飲まれている「梅サワー」をヒントに提案しました。梅の風味とソーダはよく合う素材。ただ、梅サワーだと果肉の比率が高くなる最後が美味しいものですが、梅を潰す頃にはソーダが抜けてしまっています。そこで、梅の美味しさを最初から出せないかと考えたのがこのカクテルです。チリ・ビターズのチリには、梅干しと似た香りがあります。それをビターズとして組み合わせることで、飲み応えを出しました。スイート・ヴェルモットは、「アンティカ・フォーミュラ」を使用。少量でもコクと旨味がありますので、アルコールを抑えて作る際には組み合わせやすい素材です。ココナッツ・ウォーターを加えて、まろやかさも出しました。

南高梅 … 1個
好みのスイート・ヴェルモット (写真は「アンティカ・フォーミュラ」) … 10ml
オレンジ・ジュース … 10ml
ココナッツ・ウォーター 30ml
チリ・ティンクチャー (※) … 3drop
ユーカリティンクチャー (※) … 1dash
ソーダ … 適量 (写真は90ml)

葉脈

1 シェーカーに南高梅を入れて軽く水で洗い、表面の塩分を落とし水けをきる。

2 ソーダ以外の素材を入れ、ペストルでつぶしたのちシェークする。

3 目の細かいバーズ・ネスト濾しながら、お好みのグラスに注ぐ。

4 同量程度のソーダで満たす。葉脈を飾る。

※チリ・ティンクチャー

唐辛子 … 適量
「スピリタス」… 45ml
水 … 45ml

1 「スピリタス」に唐辛子を漬け込み、常温で3日間放置する。

2 唐辛子を濾して水を加える。乾燥のトウガラシでもいいが、スコッチボネットなどフルーティーな香りのするものでも良いアクセントになる。

☆ 加水すると濁る為、そのままでもいいがその分濃いため、使用の際は分量に気を付ける。

※ユーカリティンクチャー

ユーカリ … 10g
「スピリタス」… 45ml
水 … 45ml

1 「スピリタス」にユーカリを漬け込み、常温で3日間放置する。

2 ユーカリを濾して水を加える。

☆ 加水すると濁る為、そのままでもいいがその分濃いため、使用の際は分量に気を付ける。

Sea Green

シー・グリーン

ABV
4.2%

040

「シャルトリューズ」は、バーには必ず置いてあるフランスの薬草系リキュールで、黄色い「ジョーヌ」は蜂蜜の風味が特徴。しかしこのお酒には、"通好み"の酒のイメージがあり、慣れないお客様は注文しないものです。そうしたお酒を、低アルコールのカクテル素材に使うことで、楽しんでもらえればと考えた1杯です。このカクテルは、フルーツを使って、さらっとしたカクテルにしたかったので、キウイを主役にしました。ただしキウイはそのままでは使わず、キウイ・ウォーターに加工して使いました。キウイ特有の風味は、磯の香りや蜂蜜の香りと相性が良いことから昆布キャラメルを組み合わせています。一つまみだけ加えた岩塩の塩けが、味わいを締めてくれます。

「シャルトリューズ•ジョーヌ」… 5〜10ml
キウイ・ウォーター（※）… 60ml
昆布キャラメル（※）… 2〜3tsp
岩塩 … 一つまみ

タイム

1 タイム以外の素材をグラスに入れ、岩塩をよく溶かしたのちに、氷を入れて軽くステアする。

2 軽く火であぶったタイムを飾る。

※キウイ・ウォーター

グリーンキウイ … 1個（皮をむいたもの）
ミネラル・ウォーター…キウイと同重量
ビタミンC（アスコルビン酸）
　　　…キウイとミネラル・ウォーターの重量の1%
ペクチナーゼ
　　　…キウイとミネラル・ウォーターの重量の0.5%

1 グリーンキウイの皮をむき、重さを量る。

2 同量のミネラル・ウォーターとキウイに対して、1%のビタミンCとペクチナーゼ0.5%を加え、ブレンダーにかける。

3 1時間ほど冷蔵庫で休ませたのち、キッチンペーパーで濾す。

※昆布キャラメル

昆布 … 親指大サイズ
ミネラル・ウォーター… 適量
グラニュー糖 … 500g
リンゴ酢 … 25ml

1 鍋に水を入れて昆布を加え、火にかけて525mlの昆布だしをとる。一番だしと二番だしの間くらいまで香りがしてきたら、昆布を引き上げて冷ます。

2 別の鍋にグラニュー糖500gと**1**の昆布だし25ml、リンゴ酢を加え、中火できつね色になるまで煮詰めた後、クッキングシートに広げ、冷やし固める。

3 **2**で残った昆布だし500mlを加え、弱火で固まったキャラメルを溶かしながらシロップにする。

Garden Martini

ガーデン・マティーニ

ABV
7.2 %

アルコール分が高いお酒は、冷やすととろりとした舌触りになります。そのテクスチャーを、低アルコール・カクテルでも出せないかと考え、あえて高アルコール・カクテルのマティーニで試してみました。アルコールのテクスチャー代わりに使用したのが、野菜のオクラです。オクラの持つねばねば成分のムチンとペクチンをヴェルモットに溶かし出すことで、冷やしたアルコールのテクスチャーを再現しました。ここではジンは、ノンアルコールのものを使用していますので、アルコールはこのヴェルモットに含まれるものだけになります。香木のパロサントの香りを移したシロップと、ハーブの香りが強いので、「ガーデン」と名付けました。

ノンアルコール・ジン … 30 ml
オクラ・ヴェルモット（※）… 30 ml
シンプルシロップ or
パロサントシロップ（※）… 1 tsp

カスミソウ

1 ミキシンググラスに全ての素材を注ぎ、バースプーンで軽く混ぜたのち、大きな氷を一つ入れ軽くステアする。

2 カクテルグラスに注ぐ。カスミソウを飾る。

※オクラ・ヴェルモット

オクラ … 25 g
ドライ・ヴェルモット「チンザノ1757」… 100 ml

1 容器に、薄く刻んだオクラとベルモットを合わせて蓋をし、軽く振る。

2 冷蔵庫で24時間漬け込む。もしくは50℃にキープしたお湯に容器を30分つけて湯煎する。

3 冷蔵庫から取り出し（湯煎の場合は時間になったら冷水に入れ急冷）、目の細かいバーズ・ネストで濾して、冷蔵保存する。

※パロサントシロップ

パロサント … 15 g
ミネラル・ウォーター … 250 ml
グラニュー糖 … 適量

1 パロサントは、鍋で乾煎りする。

2 香りが出てきて表面に茶色の焦げが出始めたら、水を250ml注ぎ、弱火で煮出す。

3 15分煮出したら、パロサントを濾し、残っている液量と同量のグラニュー糖を溶かし完成。

煎茶とミント（左） ABV 4.0%

カシスとアードベック（右） ABV 11.5%

「低アルコール・カクテル」という範疇からは少し外れてしまうかもしれませんが、『ロー・ノン・バー』として、低アルコールをお求めのお客様用に提案したいのが、この2種類のカクテルです。低アルコール・カクテルをオーダーするかたは、全くお酒が飲めないわけではなく、そのほとんどがお酒に弱いかたです。これまでの経験から、そうしたかたが気にされるのは、多くの場合、アルコール総量です。だから、少しアルコール分が強めでも、少量にすることで、総量を抑えるという考え方です。これなら「アルコールを飲んだ」満足感はあります。1杯は、ミント・リキュールと煎茶を合わせたカクテル。もう1杯は、ピート香がきいた「アードベック」をカシス・ジュースで割ったカクテルです。どちらも強い個性で、少量でも満足感の高いカクテルになっています。

煎茶とミント

煎茶インフュージョン・ミント・リキュール（※）… 少量（写真は10ml）

ソーダ … 適量（写真は30ml）

1 グラスにミント・リキュールを注ぐ。

2 ソーダで満たす。1：2〜1：3くらいの比率がおすすめ。

カシスとアードベック

「アードベック」… 少量（写真は10ml）

カシス・ジュース … 適量（写真は30ml）

1 グラスにアードベックを注ぐ。

2 カシス・ジュースで満たす。1：2〜1：3くらいの比率がおすすめ。

※煎茶インフュージョン・ミント・リキュール

深蒸し煎茶 … 6g

ミント・リキュール「テンパス・フュージット・クレーム・デ・メンテ」… 100ml

1 素材を合わせ、24時間から48時間漬け込む。

2 目の細かいバーズ・ネストで濾し、冷凍保存する。

大阪・北浜

キリップ トゥルーマン

KIRIP TRUMAN

桐山　透

オーナーバーテンダー

2012年、梅田のバーでバーテンダーの世界に入る。6年の修業の後、2017年に『KIRIP TRUMAN』を開業。香気成分に注目した独自のカクテルが話題を集める。2021年には、テイクアウトのモクテル専門店『TMBM』を開業。

素材の「香気成分」に着目。
成分同士の複雑な組み合わせで
カクテルのレシピを再構築する

店は、中之島公園を見下ろすロケーションにあります。この公園が好きで、独立するならその近くで、と思って場所を探し、2017年に開業しました。隠れ家的な大人の社交場にしたいと考え、当初はワインとウイスキーに、そして最近ではカクテルにも力を入れるようになり、その世界観を楽しんでいただいています。

　独特の店名は、屋号というより、一つのブランド名にしたかったので、私の氏名を元にして決めました。

　私の店ではオリジナル・カクテルが多く、そのどれもが独自の考えによるレシピで作っています。ベースとなるのは、素材の香気成分です。かねてから香気成分に興味を持っていて、お酒だけでなくフルーツやハーブ、スパイスなど、カクテルに使う様々な材料をピックアップしては、その香気成分を調べています。このデータは、今後、もっと正確で詳細なものにしたいと思い、大学に入り直して研究を続けていこうと思っています。

　香気成分の調査に力を入れているのは、実は同じ香気成分を持つもの同士は、組み合わせの相性がとても良いからです。また、ある香気成分の素材同士を組み合わせて、全く別の素材の香気成分を作り出すこともできます。こうした科学的な視点から、カクテルを考案しています。

　低アルコール・カクテルの場合も同じで、例えばあるお酒をイメージし、低アルコール化して表現するために、近い香気成分を含む別の素材同士を組み合わせる、というアプローチを取っています。つまり、あるカクテルやスピリッツをベースに低アルコール化する、というアプローチではありません。この点で、かなり独特の手法だと思っています。

　しかし、素材の香気成分に視点を当てたレシピづくりをすることで、素材そのもののイメージに囚われず、発想を広げていくことができます。以下のページのレシピを見ていただくと、一体どのような味わいのカクテルになるのか想像ができないと思われるかたもいらっしゃるかと思います。そうした、素材と味わいとのギャップも、カクテルを楽しませる魅力の一つではないかと思っています。

キリップ トゥルーマン
- ■住所　大阪府大阪市中央区北浜1-1-29
　　　　ケイアンドエフ北浜ビル3階
- ■電話　06-4707-7879
- ■URL　http://www.instagram.com/
　　　　kiriptruman
- ■営業時間　17:00〜翌1:00
　　　　　　（土曜日は15:00〜）
- ■定休日　日曜日

ABV
3.7%

Low Sauvignon Blanc
ロウ・ソーヴィニヨン・ブラン

ワインの中でも特徴的な香気成分を多く持つソーヴィニョン・ブラン品種の白ワインを、その香気成分に基づいてレシピの再構築を行うことで、ブドウをほとんど使用することなく、ワインのような味わいの低アルコール・カクテルを創り出しました。グレープフルーツやパッションフルーツ様の香気を持ち、なおかつ煎茶やカシスの芽にも含まれる4-メルカプト-4-メチル-2-ペンタノンや、ルバーブにも含まれる3-メルカプトヘキサノールなど、ロジカルな構築方法となっています。唯一のアルコール要素には、ソーヴィニョン・ブランと共通の香気成分を持つエニシダをはじめ、多くのグリーンノートを持ち合わせたジンの「ボタニスト」を選んでいます。

「ボタニスト・ジン」… 10 ml
フレッシュ・グレープフルーツジュース … 40 ml
煎茶 (深目に淹れたもの) … 30 ml
パッションフルーツ・ウォーター (※) … 25 ml
カシスの芳香蒸留水 (※) … 5 ml
ルバーブの芳香蒸留水 (※) … 5 ml
ホップ (粉末) … 1つまみ
オーガニック・白ワインビネガー… 1ml

全ての材料をシェークし、ストレーナーで漉しながらワイングラスに注ぐ。

※パッションフルーツ・ウォーター

ドライのパッションフルーツ40gに対して水200ml
を混ぜ、弱火で20分程加熱したもの。

※カシスの芳香蒸留水

粉末のカシスを水に溶かし、蒸留したもの。

※ルバーブの芳香蒸留水

ルバーブのジャムを水に溶かし、蒸留したもの。

春煩い

桜のお菓子の香り成分には、クマリンが含まれています。これは、桜が塩漬けされた時に出現する香気成分です。そこにバラとグリーンのノートが合わさると、淡い桜の花の香りになると言われています。このカクテルでは、バラの要素として、高品質なバラを贅沢に使用した「ノンアルコールジン・ネマ0.00％」を、グリーンのノートとして葉わさびをウォッカに漬け込み他素材と共にビターズにしたものを使用しています。桜の香気成分を同じく保有するイチジク、そのイチジクと共通の成分を持ったシェリー樽熟成のウイスキーで、様々な方向から桜にアプローチしたカクテルです。時間とともに桜の風味が表出し、味の移り変わりが楽しめます。

「グレンドロナック」12年 … 15ml
イチジク・ウォーター … 20ml
フレッシュ・レモンジュース … 20ml
桜シロップ（※）… 15ml
「ノンアルコールジン・ネマ0.00％スタンダード」
… 2〜3dash
自家製葉わさびビターズ … 2〜3dash
卵白 … 1個（30g）

アボッツ・ビターズ … 2dash
葵

1 全ての材料をハンドミキサーで撹拌した後、ボストンシェーカーでシェーク。漉してグラスに注ぐ。

2 アボッツ・ビターズを2滴垂らしてカクテルピンで模様を描いた上に桜の花を乗せ、乾燥させた葵を飾る。

2種類のシェリー樽で熟成された、フルーティーさとビター感が調和したウイスキー。アルコール分は43％。

※桜シロップ

桜の葉の塩漬けを適量の水に数回漬け、塩を落とした後に、水と砂糖と共に煮詰めたもの。

Low Shiruko

ロウ・シルコ

ABV
5.2%

ウイスキーの熟成に用いられる樽には、「チャー」と呼ばれる、内側を直火で焼いて炭化させる工程があります。チャーを施した樽によって、ウイスキーは特有の風味を持つようになります。その工程時に発生する香気成分として、マルトール、シクロテン、バニリンが挙げられます。マルトールとシクロテンの両方を持つ素材に小豆あんがあり、レシピの他の材料もそれぞれ上記成分を持ち合わせていますので、一見滅茶苦茶な組み合わせに思われますが、綺麗に枠内にはまった味わいに仕上がります。玉ねぎはチオール化合物と呼ばれる硫黄を含んだ香気成分を含有しており、これが極少量添加されることにより、味わいにユニークさとボリュームが加わります。こしあんを使ったお汁粉のイメージで、白玉餅に代えてマシュマロを添えました。

マテ茶 … 40ml
こしあん … 20g
「ブレット・バーボン」… 10ml
メープルシロップ … 5ml
玉ねぎ酵素シロップ（※）… 1ml
醤油パウダー … 1振り

マシュマロ
桜とシナモンのスモーク

1 マシュマロ以外の材料をシェーカーでシェークした後、珈琲フィルターで漉してからお椀型のグラスに注ぐ。

2 マシュマロを浮かべ、スモークマシーンで桜とシナモンのスモークをお椀に閉じ込める。

※玉ねぎ酵素シロップ

スライスした玉ねぎと甜菜糖をヨーグルトメーカー（発酵機）に入れ作成。

すっきりとしたなめらかな味わいが特徴のバーボン。アルコール分は45％。

ウイスキー樽の炭化の際の香気成分と同じ成分を持つ素材として、こしあんを採用した。

Sweet Backup

スィート・バックアップ

ABV
6.3%

日本酒には非常に多くの香気成分があり、中でも「カプロン酸エチル（リンゴや洋梨に近い香り）」「酢酸イソアミル（バナナやメロンに近い香り）」のように、2大吟醸香と呼ばれるものが存在します。ここではその2つではなく、あえてそれを支えるバックアップ（後方支援）の役割を担った香気成分を含む素材でレシピを構築しました。酢酸エチルを含む素材としてイチゴを、フェネチルアルコールを含む素材としてバニラとバラ（「ノンアルコールジン・ネマ0.00％」）をそれぞれ使用し、スイーツのような味わいの低アルコール・カクテルに仕上げています。

「獺祭　純米大吟醸45」… 50ml
「ノンアルコールジン・ネマ0.00％スタンダード」… 8ml
バニラアイス… 40g
自家製フラノンシロップ（※）… 20ml

ドライローズ

1 全ての材料を混ぜる。アイスが溶けない場合はミキサーで撹拌。
2 シェークした後、漉しながらグラスに注ぎ、ドライローズを飾る。

ベースに使用したのは、精米歩合45％の「獺祭」。繊細な甘みと華やかな香り。アルコール分は16％。

※フラノンシロップ

イチゴ、ドライトマトをざく切りにした後、適量の水、砂糖、そば茶、炒りごま少量と共に煮詰めたもの。

バー バーンズ

BAR BARNS

平井 杜居
（ひらい とおる）

オーナーバーテンダー

名古屋市内の老舗バーで11年修業後、2002年3月に『BAR BARNS』をオープン。豊富なオールドボトルと季節のフルーツを使ったカクテル、多彩なガーニッシュ、充実した食事メニューを揃え、行き届いた接客には定評がある。

力強い素材の持ち味をベースに、低アルコール・カクテルを創作。アトマイジングも上手に活用する

オールドボトルのウイスキーからフルーツ・カクテルまで、幅広く対応できる店として2022年にスタートしました。この20年の間に、お客様の口コミやSNSなどにより、開業当初から比べると、フルーツ・カクテルをご所望されるお客様がかなり増えたと思います。お客様の中にはアルコールに強くないかたもいらっしゃいますので、アルコール分を落としたカクテルや、モクテルも提案したりしています。

フルーツ・カクテルでアルコール分の「普通」のものというと、私の店では10〜12％に仕上げています。水割りやジン・トニックが同じくらいのアルコール・レベルです。「軽め」は5〜9％くらい、「さらに軽め」だと1〜4％くらいに調整してお出ししています。

アルコールを下げる際には、ハーブを使ったり、蜂蜜などの甘さを足したりして骨格を出すようにしています。またコクによる満足感を出すためには、糖分に加えて、使用する素材の特性に合ったもので、異なる香りの素材もプラスするようにしています。

アルコールの役割には、素材の香りを引き出しやすくすることもありますので、それが弱くなると素材の香りも弱くなってしまいます。そこで相性が良く、互いの良いところを消さない素材を副材料として加えたりもします。

特にフルーツ・カクテルの場合、ベースはアルコールではなくフルーツ素材と私は考えています。素材の味わいを引き出すためのアルコールと考えていますので、素材自体に力強さがあればあるほど、アルコールの使用量は幅広く対応できます。アルコールなしでも素材の持ち味を引き出せればモクテルにもできます。逆に言うと、そうした対応をするためには、素材の個性が際立ったものをコストをかけても使いたいと思っています。

また、アトマイジングもよく使う手法です。これだと、スプレーを吹きかけるだけなので、アルコールの使用量はほんのわずかです。しかし吹きかけ方を工夫することで、アルコール感を演出できます。仕上げだけでなく、グラスの底に柑橘の皮の油分とともに吹きかけたりすることで、飲み進めるうちにアルコール感を感じ、満足感の高いカクテルにすることもできます。

バー バーンズ
- ■住所　愛知県名古屋市中区栄2-3-32
　　　　アマノビル地下1階
- ■電話　052-203-1114
- ■URL　https://bar-barns.jp/
- ■営業時間　17:00〜23:30（土曜日は15:00
　　　　〜23:00、日曜日・祝日は15:00
　　　　〜22:30）
- ■定休日　月曜日、第2火曜日

季の美と檜枡のジン・トニック

ABV
3.6%

元々、アルコール分は高くないジン・トニックを、さらに低アルコール化したカクテルです。ここでは大垣産の檜枡を使って、枡酒を楽しむような、ユニークなスタイルにしました。トニック・ウォーターの泡が液面で弾けると、檜の香りが立ってきます。その香りで、アルコール感よりも香りの個性を第一印象に感じてもらうという趣向です。ジンは、その香りと相性の良い「季の美」を使っています。トニック・ウォーターは、使う柑橘類によって変えると味わいも高められます。ノーワックスのフルーツなら、ピールをすると、さらに香りと苦みでもカバーできます。飲み進める間に、日本酒の時のように枡に塩をのせて飲むと、ジンの香りが引き立ち、さらに楽しめます。この塩には柚子の皮も加え、同じ柑橘類の香りで相性を高めています。

「季の美」… 10 ml
「季の美」（スプレー）… 2〜3 ml
「Fever Tree」… 120 ml
フレッシュ・ライム・ジュース … 5〜10 ml

ライム・ピール
柚子塩

1 檜枡に「季の美」を注ぐ。もしくは、「季の美」を枡の底にスプレーし、柑橘のピールをふりかける。

2 1に氷を入れて果汁を注ぎ、軽くステアし、飾りのピールを入れる。

3 トニック・ウォーターで満たす。

4 別皿で柚子塩を添える。

ジンは、枡から立ち上がる檜の香りと相性の良い「季の美」を使用。アルコール分は45％。

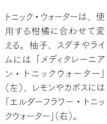

トニック・ウォーターは、使用する柑橘に合わせて変える。柚子、スダチやライムには「メディタレーニアン・トニックウォーター」（左）、レモンやカボスには「エルダーフラワー・トニックウォーター」（右）。

フレッシュ・トマトのカクテル

2月〜5月の間のみ出しているカクテルで、静岡・掛川の石山農園のトマトを使っています。このカクテルは、トマトの味わいに力強さがありますので、アルコール使用量をかなり幅広く変化させて対応することができるのが特徴です。ここではウォッカを20ml使いましたが、リクエストに応じて数滴程度でも満足感が出せます。トマトは、味わいを活かすために、スロージューサーで絞り出します。空気があまり入らず、酸化が少ないので、色も味わいも劣化しにくくなります。また、シュガー・シロップか和三盆を、ほんの少し加えるとコクが出ます。ポイントとして、スノー・スタイルにするときは、レモンを使うとレモンの風味になってしまいますので、このカクテルではトマトの果汁を利用するようにします。

静岡・掛川「石山農園」のフレッシュ・トマト … 100 g
「ストリチナヤ」… 20 ml

モンゴルの塩（すりおろし）
レモン・ピール
ライム・ピール

1 グラスの縁をトマトでぬらし、細かくすりおろしたモンゴルの塩でスノー・スタイルにしておく。

2 トマトはスロージューサーで絞り出し、ウォッカと合わせ、氷を入れて軽くステアして冷やす。

3 **2**を**1**のグラスに注ぎ、レモン・ピールとライム・ピールで作ったガーニッシュを飾る。

ウォッカは、素材をシンプルに味わってほしいときには「ストリチナヤ」を使用。アルコール分は40％。

ヨーグルトとホエイの
ひと口カプレーゼ風

ABV
1.3%

提供方法の工夫で、アルコール分が低くても抵抗感なく楽しめるカクテルが提案できます。ここでは、トマトとモッツァレラチーズ、バジルで作るイタリア料理のカプレーゼをアレンジし、そこから食べるカクテルと飲むカクテルの2種類を創作しました。アルコール分を下げたいので、ヨーグルトを濾して取った酸味のあるホエイを組み合わせ、ホエイの酸味に対しては、和三盆の糖分でバランスを取りました。ウォッカは、ホエイに対して3分の1まで加えられますが、ここではその半量にしてアルコールを抑えています。ホエイの香り、バジルの香り、ハーブ・ソルトの香りで、アルコール分の低さを感じさせません。トマトは、名古屋の飯田農園が作る甘みの強いプチ・トマトの「miuトマト」を使用しています。

●食べるカクテル

バジルの葉 … 2〜3枚
ホエイ（※）… 60 ml
「グレイグース」… 10 ml
和三盆 … 小さじ1
ホエイ作りで残ったヨーグルト … 小さじ2
ハーブ・ソルト「海の精」… 適量
「miuトマト」(スライス)… 2枚

●グラスのカクテル

「miuトマト」… 3〜4個
レシピ2で濾したウォッカ＋バジル＋ホエイ … 12 ml

ハーブ・ソルト

1 食べるカクテルから作る。まずバジルは粗みじん切りにする。

2 1とホエイ、「グレイグース」、和三盆をブレンダーに入れて回し、粗めの茶濾しで濾す。茶濾しに残ったものも取っておく。

3 ホエイ作りで残ったヨーグルトを小さじにのせ、ハーブ・ソルトをふり、スライスしたトマトをのせたら、2で茶濾しに残ったバジルを少量のせ、スプーンごと皿にのせて提供する。

4 グラスのカクテルを作る。小さめのグラスは、ハーブ・ソルトでスノー・スタイルにしておく。

5 プチ・トマトはスロージューサーにかける。

6 2で濾した液体を4のグラスに注ぎ、5をフロートする。

※ホエイ

ホエイは、ヨーグルトを茶濾しにのせ、ひと晩置く。下の液体がホエイ。茶濾しに残ったヨーグルトも取っておく。

ウォッカは、フルーツの香りを活かす時には「グレイグース」を使用。アルコール分は40％。

金柑と蜂蜜のカクテル

ABV
2.7%

このカクテルは、元々は金柑の魅力を活かし、アルコールをしっかりときかせるカクテルとして作っていますが、金柑の味わいが力強いことから、低アルコール・カクテルとして提案しました。元のレシピでは、ゴードンを35ml使っているところを、その半分以下の10〜15mlとし、その分、レモン・ジュースを25mlから20mlに、シンプル・シロップを7.5mlから10mlに変更。その上で、ミネラル・ウォーターと蜂蜜を加えています。金柑は、宮崎産で糖度が高く、大ぶりの希少な金柑「たまたまエクセレント」。大きくて作業しやすく、また甘みもあるのでシロップを減らせるのが利点です。ポイントは、金柑の種を全部取らずに少し残すところ。種のスパイシー感をカクテルの味わいに活かします。ひと口飲むと、ネクターのようなとろりとした舌触り。金柑の甘露煮を飲んでいるのような、皮の風味が美味しく、アルコールの低さをまったく感じさせません。

金柑「たまたまエクセレント」… 100g
「ゴードン・ジン47.3％」… 10〜15ml
シュガー・シロップ … 10ml
レモン・ジュース … 20ml
ミネラル・ウォーター … 20ml
蜂蜜 … 1tsp

レモン・ピール
オレンジ・ピール

1 金柑はヘタを取って半分にカットし、種を少々残してある程度取る。

2 1と、レモン・ピール、オレンジ・ピールを除く残りの材料をブレンダーに入れて回す。

3 バーズ・ネストで濾して氷で冷やし、グラスに注ぐ。レモン・ピールとオレンジ・ピールを飾る。

金冠の皮の香りや苦みとの相性から、メインのアルコールには「ゴードン・ジン47.3％」を使用。

イチゴのムース風

ABV
1.3 %

「あまおう」とマスカルポーネを組み合わせたデザートのような味わいのこのカクテルは、アルコールが強いと苦みが出るため、元から低アルコールで作っていました。ムースのようなとろっとした舌触りと上品な甘みで、アルコールの低さを感じさせず、満足感を得られる味わいになっています。このカクテルでは、そのとろみを重視したいので、水分を極力排除しています。氷も使わないので、全ての材料はもちろん、ブレンダーなどの道具も、前もって冷やしておいたものを使うのがポイントです。アルコールはホワイト・ラムを使用。入れ過ぎるとイチゴの魅力を消してしまうので、半量をウォッカに代えています。全量ウォッカだと、すっきりした味わいに仕上がります。

「あまおう」… 80g
マスカルポーネ・チーズ … 30g
クランベリー・ジュース … 20ml
和三盆 … 大さじ1.5〜2
「グレイグース」… 1〜2ml
「バカルディ・ホワイト」… 1〜2ml

「あまおう」

1 全ての材料と道具は、前もって冷やしておく。

2 全ての材料を、冷やしておいたブレンダーに入れて回す。完全に混ざるよう、中を確認しながら回す。

3 茶漉しで漉して、冷やしたグラスに注ぐ。イチゴを飾り、小皿とフォークを添える。

ホワイト・ラムはバカルディ社のもの。コク出しのために加える。アルコール分は40％。

オーガスタ ターロギー
Augusta Tarlogie

品野 清光

オーナーバーテンダー

大阪東急ホテルに勤務後、1987
年に『バー・オーガスタ』を開業。
2000年、壁を隔てた隣の現在の場
所に『オーガスタ・ターロギー』を開
業した。全国的な知名度の、関西
を代表する人気店として遠方からも
お客が来店し、いつも賑わっている。

低アルコール・カクテルのご注文は
フルーツ・カクテルの時が多いので、
風味を活かしながら高い満足感に

私の店では、ウイスキーに加えてフルーツ・カクテルも人気が高く、そのため女性のお客様もよくいらっしゃいます。特に、店の名物カクテルの「オーガスタ・セブン」に関心を持たれて、バーに不慣れなお客様やお酒に弱いかたもいらっしゃることから、実は普段から「お酒は少し軽めで」というオーダーはよくいただきます。

　慣れたお客様なら「とりあえずジン・トニック」となるところですが、女性のかたをはじめバーを使い慣れないお客様は、最初の1杯から「お任せ」になり、フルーツ・カクテルをご提案することが多くなります。お客様もアルコールがどのくらい強いお酒かわかりませんので、どうしてもアルコールは控え目にという意識になってしまうのではないかと思います。したがって私の店に限らず、「お酒を軽めに」とオーダーされるかたは、多くがフルーツ・カクテルを飲まれるかたになるのではないでしょうか。

　フルーツ・カクテルでは、フルーツ自体の味わいを活かすために、スピリッツはウォッカを合わせることが多いものです。特にイチゴなどは相性が良いので、よく組み合わせます。低ア

ルコール化ではそのウォッカを減らし、代わりにキイチゴのリキュールやレモン、シロップで甘みと酸味のバランスを取り、アルコール感の弱さをカバーします。つまり、強いスピリッツに代えてフルーツの風味を邪魔しないリキュールを使い、他の副材料で物足りなさをカバーするのがオーソドックスな技法です。

　甘みと酸味のバランスがとれていれば旨味が出て来ますので、それによって満足感を高めるようにします。アルコールをある程度使うカクテルでは、アルコールの持つ甘みもありますが、低アルコール化でスピリッツが使えない場合は、アルコール分が20％以下のお酒を使い、副材料を組み合わせることで満足感を高める方法や、ショート・ドリンクでも思い切ってロング・ドリンクにツイストする方法もあります。

　アップする際は、ソーダより、味が出るトニック・ウォーターの方が合わせやすいでしょう。トニック・ウォーターは近年では個性的な味わいで使い切りサイズのお酒落なボトルも出ていますので、多少割高ではありますが、低アルコール化には利用しやすいのではないでしょうか。

オーガスタ ターロギー
■住所　大阪府大阪市北区鶴野町2-3
　　　　アラカワビル1階
■電話　06-6376-3455
■営業時間　17:00〜23:30
■定休日　無休

Minty Pine

ミンティー・パイン

ABV
5.1%

5月からのカクテルとしてミント・ジュレップをベースにしたものを作りたかったのですが、ア
ルコール分が強いカクテルですので、それに代わるものはないかと考えて作ったのがこのカ
クテルです。ミントのきいたカクテルは、アルコール分が低いと物足りなくて美味しくありま
せん。そこでここでは、パイナップルの甘さをきかせることで、物足りなさをカバーしました。
ミント・リキュールは緑色のものがありますが、透明なボトルの方がミント感が強く、少ない
量でミント感を出すことができます。ただ、透明なカクテルでは見た目にミントの爽やかな
印象が出せませんので、緑色のミント・リキュールを最後に沈めて、アクセントとしています。

「GET 31」… 30 ml
フレッシュ・パイナップル・ジュース … 120 ml
「BOLS」… 1 tsp

ミントの葉

1 グラスに「GET 31」とパイナップル・
ジュースを注ぎ、軽くステアする。

2 「BOLS」を沈め、ミントの葉を飾る。

メインで使うペパーミン
ト・リキュールは、少量で
ミント感を感じさせられる
「GET31」を使用。アル
コール分24％。

見た目の清涼感を感じさ
せるため、グリーンのミン
ト・リキュールを沈める。ア
ルコール分は24％。

Sanlúcar Terrace

サンルーカル・テラス

マンサニージャは、スペイン南部のヘレス地区でも、サンルーカル・デ・バラメダのみでつくられているシェリーです。その「ラ・ヒターナ」の工場を訪れた時、街路樹がオレンジの木なのに気づきました。そこで、「ラ・ヒターナ」のシェリーを使い、シェリーの代表的なカクテルの「レブヒート」から、即興でオレンジと合わせて作ったのがこのカクテルです。その場のオレンジの木は、たぶん街路樹用だったのでしょう、生っているオレンジを食べるという考えの人はいなかったようで、現地の人には驚かれましたが、飲むと非常に美味しい。アルコール分もあまり高くありません。オレンジの甘みと香りがドライなマンサニージャとマッチして、爽やかに仕上がる。夏にはもってこいのカクテルです。

シェリー「ラヒターナ」マンサニージャ… 45 ml
トニック・ウォーター… 120 ml
オレンジ … 1/6 個

オレンジ・ピール
オレンジ

1 グラスにシェリーを注ぐ。

2 6分の1にカットしたオレンジを絞り、トニック・ウォーターで満たし、軽くステアする。

3 オレンジ・ピールをして、カットしたオレンジを飾る。

爽やかなリンゴのような香りがオレンジと合うマンサニージャ、「ラ・ヒターナ」。アルコール分は15％。

Golden Rings

1994年のリレハンメル五輪の時に、金柑を五輪に見立てて表現したオリジナル・カクテルです。ベースはレモン・スカッシュのレシピで、それに金柑を加えて創作しました。現在も、金柑の季節の12月〜3月に出していて、通常は、ウォッカを使って作っています。低アルコール化のためにウォッカを使わずに作ると、アルコールのインパクトがなくなりますので、その代わりにコアントローを少量使い、金柑と同系統の柑橘類・オレンジの皮の味わいでインパクトを出しました。ノンアルコールで作るなら、ソーダをトニック・ウォーターに代えるといいでしょう。ちなみにこの金柑は、鹿児島・入来産の甘みと香りの高いものを使っています。

金柑 … 3個	**1** 金柑は半分にカットし、種を取り除く。
コアントロー… 15ml	
フレッシュ・レモン・ジュース … 30ml	**2** 1とコアントロー、レモン・ジュース、シロップをティンに入れ、氷を入れてシェークする。
シンプル・シロップ … 15ml	
ソーダ … 30ml	**3** シェークした氷とともにグラスに注ぎ、ソーダで満たし、軽くステアする。

金柑の個性を強調するため、同じ柑橘系のオレンジの香りと甘さを持つコアントローを使用。アルコール分は40％。

Elder Elder

ABV
3.8%

エルダーフラワーは、ヨーロッパなどで古くから親しまれているハーブ。あっさりとした爽やかな甘みが特徴です。エルダーフラワー自体、ハーブ・ティーやリキュールの材料にもされていて、それを用いたカクテルも紹介されています。近年では、トニック・ウォーターにもエルダーフラワー味のものが入ってきています。そこでエルダーフラワーのリキュールに、エルダーフラワー味のトニック・ウォーターを組み合わせました。材料はこの2品。レシピは非常にシンプルですが、エルダーフラワー・リキュールの使用量を少なくしながらも、エルダーフラワーの香りや甘みはしっかり堪能できます。上品な味わいと甘みで、低アルコールでも満足感のあるカクテルになっています。

エルダーフラワー・リキュール … 30ml
エルダーフラワー・トニック・ウォーター（FEVER TREE）
… 120ml

1 エルダーフラワー・リキュールをグラスに注ぐ。

2 エルダーフラワー・トニック・ウォーターで満たし、ステアする。

フランス「ジファール」社のエルダーフラワー・リキュール。複雑な香りが魅力。アルコール分は20％。

トニック・ウォーターにも、エルダーフラワーの香りがきいたものを使うことで、リキュールの使用量を少なくし、アルコール分を抑える。

Augusta Seven

オーガスタ・セブン

ABV
5.0%

パッションフルーツ・リキュールの「パッソア」を活かしたカクテルで、私の7番目のオリジナル・カクテルということで命名しました。『オーガスタ・ターロギー』のシグネチャー・カクテルとして知られ、「パッソア」のボトルにもレシピが紹介されています。使用するお酒は「パッソア」だけで、しかもアルコール分は20％ですので、元から低アルコール・カクテルです。パッションフルーツそれ自体に甘酸っぱい個性があります。それにパイナップル・ジュースを加えて甘さをバランスを取り、女性が好むトロピカルな味わいを強調しています。なお、夏と冬のシーズンには、フレッシュのパッションフルーツを加えて作ります。

「パッソア」… 45 ml
フレッシュ・レモン・ジュース … 15 ml
パイナップル・ジュース … 90 ml
パッションフルーツ … 1/2個

1 2ピースシェーカーに材料すべてを入れ、シェークする。

2 シェークした氷とともに、トロピカルグラスに注ぐ。

パッションフルーツ・リキュールの「パッソア」。アルコール分は20％。

冬場と夏場のシーズンには生のパッションフルーツを使い、よりフレッシュ感を高める。

The Bar <ruby>Sazerac<rt>サゼラック</rt></ruby>

山下 泰裕

オーナーバーテンダー

京都のダイニングバーで働いたのが、バーテンダーになるきっかけ。大宮のオーセンティック・バーで4年務め、「カクテルワークス」に入社。2年間の勤務後、2018年に『バー・サゼラック』を開業。豊富なウィスキーに加え、120種類ほどのクラフト・ジンを揃え、埼玉素材を使ったオリジナル・カクテルでも人気の店。

少量でも"存在感"のあるお酒を使うことで、低アルコールでも満足感の高いカクテルに仕上げます

独立前に働いていた店が、豊富なジンを売り物にしていた店だったことから、私の店でもジンは120種類前後を揃え、入れ替えながら使っています。最近は、リリースが多い国産ジンに力を入れています。

大宮の町は、埼玉県の中で最も賑やかな場所で、バーもたくさんあります。そうした所でお客様に支持をいただけるよう、私なりの個性を出して他店との差別化をするようにしています。

例えば、カクテルでは、埼玉県産の素材を使ったオリジナルを揃えています。埼玉では特産野菜やフルーツだけでなく、地元ならではのお酒やドリンクも作られていて、そうした素材は意外に地元の人でも知らないことが多いもので、県外の人ならなおさらです。そこでこうした素材を使ってカクテルをご提案することで、「埼玉に来たらあの店」と、お店を強く印象付けるようにしています。

低アルコール・カクテルを作る際に私が意識しているのは、ベースとなるお酒の量を減らして加えることよりは、少ない量でもどのようにしたらお酒の存在感が感じられるようにするかで

す。そのために使うお酒で重視しているのは、香り、味や深みの強さです。

特に効果的なのはビターズです。これまではスタンダードなものしかありませんでしたが、最近は新しい種類が増え、業界的にも注目されています。香りが良くて少量でも存在感があります。今回は使いませんでしたが、アルコール分の低いビターズも作られるようになってきています。トニック・ウォーターやソーダでアップしても、存在感がありますから、こうした素材は、カクテルの低アルコール化には便利な素材といえるのではないでしょうか。

また、特に香りや味わいに強い個性を出したクラフト・リキュールも多くなってきています。こうした素材も、低アルコール化には積極的に使っていける素材だと思います。

ただし、ウォッカだと味も香りもありませんので、その場合は副材料で工夫することになります。あるいは、私は店で埼玉県産素材をインフュージョンした自家製のスピリッツや、蒸留したアロマ・ウォーターも用意していますので、そうした素材を活用するようにしています。

サゼラック
■住所　埼玉県さいたま市大宮区仲町2-42
　　　　セッテイン5階-B
■電話　048-783-4410
■URL　https://the-bar-sazerac.business.
　　　　site/
■営業時間　18:00〜翌2:00
　　　　　（土曜日、日曜日、祝日は17:00〜）
■定休日　木曜日不定休

Aromatic Sour

アロマティック・サワー

サワー系カクテルの中でも、ウイスキー・サワーやジン・トニックなどはありますが、ビターズ系ベースがないことから、考案したカクテルです。大阪のバーで作られている「No1カクテルビターズ」を試飲したところ、非常に美味しかったことから、これをメインに使ってみました。それ自体はアルコール分が44％ありますが、使用量は10mlですので、カクテルにするとアルコール分は4％台にできます。アブサン、ビターズに加えて、アロマティックな香りをプラスして、骨格を出しました。

「No1カクテルビターズ」… 10 ml
レモン・ジュース … 20 ml
グレープフルーツ・ジュース … 40 ml
卵白（M玉）… 1個分（約30ml）
オレオサッカラム（※）… 10 ml

アブサン・スプレー
スターアニス

1　卵白とアブサン以外をブレンダーで攪拌したら、卵白を入れて再度攪拌する。

2　1はシェーカーに移してシェークする。

3　ダブルストレインで、クープグラスに注ぐ。

4　スターアニスを飾り、アブサン・スプレーを吹きかける。

※オレオサッカラム

柑橘類の皮に砂糖を合わせて置いておき、柑橘類の皮から出る油分に砂糖を溶かし込んだシロップ。火を使わないため、柑橘の香りが強いのが特徴。

大阪のバー「Nayuta」が作る「カクテルビターズNo.1」。古典的なレシピにフランキンセンスのスモーキーでスパイシーが風味が加わっている。アルコール分は44％。

Delicato
デリカート

イタリア語で「優しい」の意味を持つカクテルで、食前酒として軽く楽しめます。「アペロール」自体、アルコール分は11％と高くないリキュール。それを使ったアペロール・スプリッツァを、さらにソーダで割って低アルコール化したカクテルです。「アペロール」は、相性の良いオレンジやレモンなどと合わせて香りを強めつつ、豆乳ヨーグルトを加えることで、特有のオレンジっぽい赤い色をヨーグルトに吸着させ、透明感を出しながら優しい味わいに仕上げたものを使います。

クリア・アペロール（※）… 30ml
ノンアルコール・スパークリングワイン … 30ml
ソーダ… 30ml

オレンジ・ピール

1 グラスに氷を2個入れる。
2 クリアアペロールとノンアルコール・スパークリングワインを1：1で加え、ソーダで満たす。
3 オレンジ・ピールを絞りかけてグラスに飾る。

※クリア・アペロール

「アペロール」、オレンジ果汁、オレンジの皮、レモン果汁を合わせ、豆乳ヨーグルトに色素を吸着させたもの。豆乳ヨーグルトは取り除いて使用する。

Mexican Mule

メキシカン・ミュール

ABV
3.3%

モスコーミュールをヒントに考案したカクテルです。唐辛子をインフュージョンしたピリッと辛いメスカルをベースに、パイナップル・ジュースの甘さ、パプリカの甘さ、発酵ジンジャーエールの味と香りを組み合わせました。飲むと、まず辛みが舌を刺激し、続いてパプリカとパイナップルの複雑な甘み、それにメスカルとジンジャーエールの"土臭い"風味が香り、ボディ感を構成します。この複雑で重層的な香りのため、アルコール分は3.6％のカクテルですが、その低さはまったく感じさせず、飲み応えのあるカクテルに仕上がっています。

メスカル「Ajal」（唐辛子インフュージョン）… 10 ml
パイナップル・ジュース … 30 ml
黄色パプリカ … 3g
発酵ジンジャーエール「GINGER SHOOT」
… 60 ml
ソーダ … 10 ml

ドライ・パイン
燻製塩

1 燻製塩で、ロックグラスをスノースタイルにする。

2 メスカル、パインジュース、パプリカをブレンダーにかける。

3 **1**に**2**を注ぎ、大き目の氷を1個入れ、発酵ジンジャーエールとソーダで満たす。

4 ガーニッシュでドライ・パインを飾る。

メスカルは、「Ajal」（アルコール分40％）を使用。唐辛子を漬け込んで辛みを抽出し、使用した。

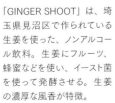

「GINGER SHOOT」は、埼玉県見沼区で作られている生姜を使った、ノンアルコール飲料。生姜にフルーツ、蜂蜜などを使い、イースト菌を使って発酵させる。生姜の濃厚な風香が特徴。

Jasmine Rice

ジャスミンライス

地元・埼玉産の素材を使い、和の印象の低アルコール・カクテルを作りました。近年ではバーでも焼酎は使われることが多いので、米焼酎をベースに、それと相性の良いみりんを使ったシロップ、ジャスミン茶を組み合わせました。米焼酎だけでは香りのインパクトが弱いので、全麹造りの麦焼酎に5種類のボタニカルを漬け込んだ和スピリッツを加え、香りと骨格を出しました。香りをより引き出すために、スローイングを用いて仕上げます。

米焼酎「尚禅」… 10 ml
「WAPIRITS TUMUGI」… 5 ml
ジャスミン茶 … 80 ml
みりんシロップ（みりん、砂糖）… 5 ml

1 材料を2ピースシェーカーに注ぎ、氷を3個入れ、スローイングする。

2 ワイングラスに注ぎ、氷を1個浮かべる。

米焼酎「尚禅」は、アルコール分25％。埼玉県蓮田の日本酒の蔵元が作る米焼酎で、コクと風味が豊かさが特徴。

White Low Martini

ホワイト・ロー・マティーニ

デザート・カクテルを作るには、甘みを引き立てるためにアルコールをややしっかりと感じさせる必要があるのですが、それを低アルコールで作ってみました。アルコールが弱くても、満足感の高いカクテルにするために、クリーム系リキュールをベースとし、香りの良いピスタチオ風味のウォッカを少量合わせました。それだけでは香りが弱いので、コーヒー豆を蒸溜した透明な水を加えています。コーヒーの香りは意外に強いのですが、カクテルは白という意外性も楽しめます。甘みとして煮詰めたアマレットを加え、それで骨格を出しています。

ピスタチオウォッカ（※）… 5ml
クリームリキュール「DISARONNO VELVET」… 10ml
コーヒー豆蒸溜水（※）… 30ml
生クリーム … 20ml
アマレットシロップ
（アマレット・リキュール「DISARONNO」を鍋で煮詰め、アルコールを飛ばしたもの）… 5ml

黒ゴマ

1 3ピースシェーカーに材料を入れ、シェークする。

2 カクテル・グラスに注ぎ、黒ゴマをかける。

※ピスタチオウォッカ

クラフト・ウォッカの「Ketel One VODKA」（アルコール40％）に、ピスタチオを漬け込んで、香りと旨味を抽出したもの。

※コーヒー豆蒸溜水

コーヒー豆を水に漬け、加熱して蒸溜したもの。透明だがコーヒー香りは非常に強い。

ザ・バー・カサブランカ
The Bar CASABLANCA

山本 悌地

オーナーバーテンダー

1990年、銀座「セントサワイ・オリオンズ」でバーテンダーとして仕事を始める。その後、「横浜エクセレントコーストバーネプチューン」「関内マリンクラブ」「ニューグローリー」を経て、1994年『The Bar CASABLANCA』を開業。2000年、NBA全国バーテンダー技能コンクール総合優勝ほか、受賞歴多数。

馴染のない香り、酒特有の香りを使うことで、「お酒を飲んでいる」幻想感を抱かせるようにします

2022年で28年目を迎えました。私の店では、開業時からフレッシュなフルーツを使ったカクテルを売り物にしてきました。日本人は、旬のものへの関心が高く、フルーツを積極的に使うことで「今日は何ある？」と楽しみに来られるお客様もいらっしゃるからです。

開業当時と比べると流通経路が増え、今では農家さんから直接旬のフルールを注文できるようになりました。海外からも様々なフルーツが入るようになり、使える種類も質も高まっています。お客様も、以前は男性が女性を連れて来られることが多かったのですが、今では女性同士で来られることも多くなりました。そうしたこともあって、フルーツ・カクテルが特に売れるようになっています。

アルコールを抑えたカクテルをオーダーされるのは、アルコールがほとんど飲めないか弱いかた、あるいは飲み過ぎたというかた。そうしたお客様には、モクテルか低アルコールのカクテルをご提案しています。実はコロナ禍でアルコール販売ができなかった間は、フルーツのモクテルで営業していましたので、低アルコールのカクテルは取り掛かりやすかったといえます。ノンアルコールだと液体が膨らまないので、少しでもアルコールが入っている方がカクテルにしやすいからです。

低アルコール化の際は、日本人にはあまり馴染みのない香りや、お酒にしかない香りを使ったり、ジュースには無い香りを作ることを意識しています。そうした香りによって、お酒を飲んでいるという幻想感をお客様に抱かせることができるからです。お酒にしかない香りとしては、アブサンの八角のような香りが代表的といえるでしょう。

また、店名の『カサブランカ』はモロッコの都市名なので、以前、モロッコ料理について勉強したことがあります。その時に、イスラム教だからか、料理にもお酒を使いません。肉などはワインでフランベすれば華やかな味わいになりますが、それをしない。しかしその代わりに、スパイスやハーブで補って香りや味のテンションを華やかにしています。そうした考え方も、低アルコール化の際のカクテルづくりの参考にしています。

ザ・バー・カサブランカ
■住所　神奈川県横浜市中区相生町5-79-3
　　　　ベルビル馬車道地下1階
■電話　045-681-5723
■URL　http://casablanca.yokohama/
■営業時間　16:00〜翌1:00
　　　　　（オーダーストップ24:30）
■定休日　年末年始（研修で臨時休業あり）

Death In The Yokohama

ABV 6.8%

デス・イン・ザ・ヨコハマ

ヘミングウェイが作ったカクテル、「Death in the Afternoon」をヒントに低アルコール・カクテルを創作しました。元のカクテルのレシピではアブサンにシャンパンを加えますが、このミックスは個性が強くて飲み手を選ぶ上、アルコールも高くなります。そこで、やはりアブサンを使い、ジン、グレナデン・シロップやオレンジ・ジュースなどで作る地元発祥のカクテル、「ヨコハマ」と組み合わせ、さらにジンはノンアルコールのものに代えて飲みやすくしました。アブサンは1dashしか入らなくても、特有の怪しげな風味が香り、アルコール分の割に、しっかり飲んだ満足感が残ります。

アブサン「ペルノー」… 1dash
シャンパン … 60ml
グレナデン・シロップ … 10ml
「ノンアルコールジン・ネマ0.00％スタンダード」
… 15ml
フレッシュ・オレンジ・ジュース … 25ml

ブラッドオレンジ

1 シャンパン以外の材料をシェークする。

2 ティンに移し、シャンパンを注いで軽くステアする。

3 フルートグラスに注ぎ、ブラッドオレンジを飾る。

アブサン「ペルノー」。アルコール分は68％と高いが1dashしか加えず、その個性的な香りを利用。

安納 AN OA

アンノウ・アンオー

ABV
6.6%

アイラ島特有のピート香の中にも、クリーミーさを感じさせる「アードベック・アンオー」。こ
のシングルモルト・ウイスキーを試飲した時に感じたスコットランドの風景をイメージして、
何年か前に作ったカクテルを、低アルコールに仕立てました。スノースタイルにしたのは、
塩の付いた部分で飲むと、ウイスキーをより強く感じるからです。口に含むと、まずエスプ
レッソの香りが、そして飲み干した後にウイスキーの香りが鼻から抜けます。このスモーキ
ーな香りと相性の良い素材として、安納芋を選びました。安納芋の甘みととろっとした食感
があるため、アルコールを抑えても満足感があります。本来は安納芋の皮を漬け込んだラム
も加えるのですが、ここではそれを外し、全体的なバランスを見ながらウイスキーの量を決め、
アルコール分を調整しました。(「アードベック・アンオー」は、2022年春に国内販売終了に
なるそうです[2022年4月22日現在])

「アードベック・アンオー」… 15ml
安納芋(オーブンで焼いて皮を外したもの)… 40g
エスプレッソ … 20ml
生クリーム … 20ml
アニゼット・リキュール … 1tsp
蜂蜜 … 15ml

塩
カカオニブ

1 材料を、氷とともにブレンダーに入れ
て回す。

2 塩でスノースタイルにしたグラスに注ぐ。

3 黒い石のトレーに塩とカカオニブ、羊
のフィギュアを飾り、その上に**2**をのせる。

「アードベック」の蒸留所が
あるアイラ島オー岬にちなん
だシングルモルト。アルコー
ル分は46.6%。

Low Alcohol Jack Tar

ロー・アルコール・ジャック・ター

横浜・中華街の老舗バー「ウィンドジャマー」が生んだ、横浜を代表するカクテル「ジャック・ター」は、今やスタンダード・カクテルの一つとして知られています。本来は30％以上ある高アルコールのこのカクテル、横浜の偉大な先輩たちが手がけた逸品を、私のような若輩者が手掛けるのは恐縮ですが、低アルコールにツイストしてみました。このカクテルは、「ロンリコ151」というアルコール分が75.5％もあるラムと、「サザンカンフォート」、ライムで作ります。キャラメルのような甘い香りが特徴なので、バーボンとピーチ・リキュールとパッションフルーツ・シロップを組み合わせてその風味を再構築しました。ラムは用いずに、本来のフルーティーな味わいは残しながら、低アルコールで爽やかな飲み口に仕上げています。

「ジャック・ダニエル」… 20 ml
ピーチ・リキュール … 5 ml
パッションフルーツ・シロップ … 5 ml
コーディアル・ライム … 10 ml
フレッシュ・パイナップル・ジュース … 60 ml

ライム

1 材料を3ピースシェーカーでシェークする。

2 グラスに注ぎ、クラッシュアイスを詰めて軽くステアし、ライムを飾る。

「ジャック」つながりで、ベース素材に使用した「ジャック・ダニエル」。アルコール分は40％。

リンゴとダージリンのアフォガード

アルコール分を落とすことによる物足りなさは、甘みでカバーできることから、リンゴを使っ
たデザート・カクテルを創作しました。リンゴは年間を通して手に入り、甘酸のバランスが
取れていて扱いやすい「サンふじ」を使います。絞りたてのリンゴ・ジュースを軽く温めて香り
を立て、紅茶の茶葉を漬け込んだウォッカと合わせてバニラ・アイスに注ぎます。紅茶の種
類は、リンゴと相性の良いダージリン。温めて風味を高めることで、アルコール感の低さを
カバーし、さらにバニラ・アイスの甘さによって満足感を出しました。ダージリンの香りでバ
ニラ・アイスを楽しむも良し、アイスが完全に溶けてから楽しむも良し。時間とともに変わ
る味わいを楽しめる一杯です。

ダージリン・インフュージョン・ウォッカ（※）… 20 ml
フレッシュ・リンゴ・ジュース … 80 ml
蜂蜜 … 2 tsp
バニラ・アイス … 50 ml

リンゴ
ミントの葉

1 リンゴはジューサーで絞り、鍋に
移して加熱する。

2 温まったら、蜂蜜を加えて溶かし、
ダージリン・インフュージョン・ウォ
ッカを加えてステアする。

3 カクテルグラスにバニラ・アイスを
入れ、そこに**2**を注ぐ。リンゴとミ
ントの葉を飾る。

**※ダージリン・
　インフュージョン・ウォッカ**

ダージリン茶葉に少量の熱湯をかけ
て少し蒸らしてから、ウォッカを注ぎ、
一晩置いて濾す。

バー ジュニパー トリニティ
BAR JUNIPER Trinity

髙橋　理

オーナーバーテンダー

ホテル勤務を経て、「バー・オールド
コース」で7年修業。その後、2011
年、大阪・北新地のジン専門バー
「バー・ジュニパー」に入り、店長を
務めた後、2019年に『ジュニパー・
トリニティ』を開業。200種類のジン
を揃え、アロマ・ウォーターを用いた
オリジナル・カクテルも提供する。

低アルコール化では、甘みと粘性で
ボディ感を、アロマ・ウォーターの
香りで満足感を高めます

ジンをメインにした店として、2019年に開業しました。「ハーブ工場」「理科実験室」をイメージした店内では、バックバーの一部を専用スペースとして蒸留器を置き、カウンター内に用意したハーブやスパイスなどをはじめ、様々な素材を用いたアロマ・ウォーターを作り、カクテルに利用しています。

　私が特にアロマ・ウォーターに興味を持つようになったのは、独立前に勤めていたバーがやはりジンに力を入れていたお店だったことがきっかけです。お客様に、何か面白いものを飲んでもらいたいと副材料を考えていた時、ボタニカルを使って作るジンと、水とともに素材を蒸留して作るアロマ・ウォーターが同じ作り方だということに気づき、以後、勉強するようになりました。

　独立に当たっては、副材料を逆にメイン材料にできないかと考え、アロマ・ウォーターだけでなく他の副材料も手作りにして、他店では味わえないオリジナリティをカクテルに出すようにしています。

　低アルコール・カクテルを作るときは、アルコール分の弱さに由来するボディ感のなさは、甘みや粘性で補うようにしています。また元々あっさりしたカクテルでは、甘みと酸味とのバランスに注意しています。

　もちろん、私の店の特徴として、アロマ・ウォーターを低アルコール・カクテルづくりにも活用しています。アロマ・ウォーターの良いところは、油分の多い素材で作ったものを除き、ほとんどが無色透明で味もなく、香りのみが感じられる点です。しかも香りに持続性があります。このため様々なお酒と合わせやすく、香りが一瞬で消えてしまうのではなく長持ちしますので、カクテルを飲み終えるまで香りが続き、アルコール感の弱さによる満足感の低下を最後まで香りでカバーすることができるのです。

　アロマ・ウォーターは、カクテルにそのまま使う以外にも、アロマ・ウォーターに味を足して氷を作ったり、アガー（海藻を原料とした凝固剤）を加えて固めたりしたものをカクテルに使ったりというように、加工しても使います。このことで、見た目にも食感でも楽しく、印象に残る1杯に仕上げています。

バー ジュニパー トリニティ
■住所　大阪府大阪市北区天満橋1-4-10
■電話　080-4340-8987
■URL　https://barjuniper-trinity.com/index.html
■営業時間　18:00〜翌2:00(L.O.翌1:30)
■定休日　不定休

Tea Slime
ティー・スライム

ABV
4.4%

水信玄餅からヒントを得た、低アルコールの食べるカクテルです。紅茶のアロマ・ウォーターでスライムを作り、それにクリーム・シェリーをかけて食べるという趣向で、全体でアルコール分は7％ほど。スライムはアルコールが入ると徐々に溶けてきますので、その溶け際を楽しむこともできます。スプーンですくって食べると、最初につるんとした喉越しが心地好く、次にクリーム・シェリーの香りが来て、飲み干した後に鼻の奥から紅茶の香りが立ち登ります。見た目でも食感でも、香りでも楽しめ、アルコール分の低さを感じさせません。ここではきな粉は使いませんでしたが、本格的に作るなら、きな粉を添えるといいでしょう。事前仕込みが必要のため、店では2人前から予約が必要です。

クリーム・シェリー … 30ml
紅茶・アロマ・スライム（※）… 1個（90g）

1 笹の葉を敷いたお皿にスライムを乗せる。クリーム・シェリーを別の器で添える。
2 スライムにクリーム・シェリーをかけて食べる。

※紅茶・アロマ・スライム

アガー・砂糖・紅茶アロマ・ウォーター（※※）

1 アガーと砂糖を混ぜ合わせてからアロマ・ウォーターに加え、鍋に移して温め、溶かす。
2 型に流して固めたら、冷蔵庫で冷やしておく。

※※紅茶アロマ・ウォーター

水に紅茶を加え、蒸留して紅茶アロマ・ウォーターとする。

Rose Bellini

ローズ・ベリーニ

桃のピューレとシャンパンで作る、ヴェネツィア発祥のカクテル、「ベリーニ」の低アルコール版です。桃の代わりに、バラのアロマ・ウォーターでシャーベットを作り、グラスの中で溶かして「ベリーニ」を作りながら飲みます。シャンパンの量は変わりませんが、桃のピューレ代わりに固形物の入らないアロマ・ウォーターが加わり、その分、アルコールが希釈されます。桃のイメージを出すために、アロマ・ウォーターを作った後にハイビスカスでピンク色に染めました。桃ではなくバラを使ったのは、桃自体がバラ科の植物で、香りが同系統で相性が良いからです。グラスの中でシャンパンによってシャーベットが溶ける際の気泡によって、元のカクテルにない爽やかな印象も生まれます。

シャンパン … 70ml
ローズアロマ・アイス（※）… 1個（約50g）

オールドファッションドグラスにアロマ・アイスを入れて、シャンパンを注ぐ

※ローズアロマ・アイス

1 ローズアロマ・シロップ（※※）25mlにハイビスカス少々を加えてしばらく置き、色素を出したら、ハイビスカスを濾す。

2 1に水100ml、レモン・ジュース5mlを加えて混ぜ、冷凍庫に入れる。

3 ある程度凍ったら取り出し、丸い型に入れて冷凍する。

※ローズアロマ・シロップ

ローズ・アロマウォーターにグラニュー糖を加えて溶かし、ローズアロマ・シロップとする。

ドライローズを水に入れ、蒸留したものがローズ・アロマ・ウォーター。

Seisui

青翠

ABV
6.4%

アルコール分3%の甘酒と、抹茶、柚子リキュールを組み合わせて作った、抹茶のカクテルです。実はこのカクテルは、ボタニカルに柚子や緑茶が使われる国産ジン「翠」を使って創作したカクテルでした。低アルコール化のために、そのカクテルからジンを抜いた代わりに、ボタニカルに使われていた柚子をリキュールで加え、ピールでも使いました。バニラ・ビターズと卵白は元のレシピのままですが、卵白が加わったまったり感で、アルコールを落としたことによる物足りなさを感じさせません。甘酒と卵白をシェークしたことによる白い泡で、見た目にも綺麗に仕上がっています。甘みも結構あり、飲み応えもあるカクテルです。

甘酒アルコール有 … 40ml
抹茶 … 2 tsp
柚子リキュール … 10ml
卵白（パウダー）… 適量
バニラ・ビターズ … 1 drop

柚子ピール粉末

1 材料を全てシェークしてカクテルグラスに注ぐ。
2 柚子ピールを液面に飾る。

ジンを外した代わりに、ジンのボタニカルで使われていた柚子を柚子のクラフト・リキュールで補った。アルコール分は20％。

Lemongrass Rebjito

レモングラス・レブ ヒート

ABV
5.0%

マンサニージャかフィノを使って作られる、「レブヒート」をベースにしたカクテルです。シェリー自体、アルコール分は15〜22%ほど。それをトニック・ウォーターで割ったものなので、「レブヒート」はアルコールが高くありませんが、そのカクテルをさらに低アルコール化しました。アルコールはシェリーしか入りませんから、低アルコール化ではシェリーの量を減らさなければなりません。その分、ボディ感が無くなりますので、レモングラスで作ったアロマ・ウォーターでレモンの爽やかな香りを、レモン・ジュースで酸味を高め、骨格を作りました。ガーニッシュでローズマリーの香りを添え、奥行きの深さも感じさせます。

マンサニージャ… 30ml
レモングラス・アロマ・ウォーター（※）… 10ml
レモン・ジュース… 5ml
トニック・ウォーター… 適量

ローズマリー

1 トニック・ウォーター以外の材料を
　　タンブラーに注ぎ、ステアする。
2 トニック・ウォーターで満たす。
3 ローズマリーを飾る。

**※レモングラス・
　アロマ・ウォーター**

レモングラスを刻んで水に浸け、蒸留してアロマ・ウォーターとする。

マンサニージャは、きりっとしていて繊細なタイプの「オズボーン」を使用。アルコール分は15%。

Bicerin

ビチェリン

イタリア・ピエモンテには、「ビチェリン」というドリンクがあります。エスプレッソ、チョコレートと生クリームで作る飲み物です。それをヒントに創作したコーヒー・カクテルです。コーヒーは、エスプレッソを使うのは、器具の問題でバーでは難しいので、ここでは深煎りでビター感のある豆を使って淹れています。アルコールは、チョコレート・リキュールを使用し、65〜70℃に温めて飲みやすくしたものに火を点け、ホット・チョコレートを加えたコーヒーと合わせています。チョコレートの甘み、生クリームのコクによって、アルコール分の低さを意識することなく楽しめます。

チョコレート・リキュール … 20ml
ホット・チョコレート … 40ml
エスプレッソ（ホットコーヒー）… 40ml
フレッシュ・クリーム … 40ml

カカオニブ

1 フレッシュ・クリームを泡立てる。

2 ホット・チョコレートとコーヒーを合わせて温め、ホット・グラスに注ぐ。

3 チョコレート・リキュールを鍋で温めて着火し、2のグラスに注ぎ、軽くステアする。

4 1を乗せ、カカオニブを飾る。

カカオと生クリームで作られる、とろけるような味わいのチョコレート・リキュール。アルコール分は17％。

Bar CAPRICE
カプリス

福島 寿継

オーナーバーテンダー

名バーテンダー・大泉 洋氏の店「コレヒオ」（後に移転して「コレオス」と店名変更）に入社。大泉氏の下で長年にわたって技術を磨く。2014年の「コレオス」閉店後の翌2015年、同じ渋谷で『カプリス』を開業。師匠の技を引き継ぎ、人気を集めている。

具体的で分かりやすい提案、果物を使い、ピールによる演出で、「低アルコール」を魅力に

オーセンティックなバーとして、スタンダードなカクテルのご注文が多い中、女性のお客様の中には「アルコールは控えめに」などのリクエストをいただくことがあります。

そうした時には、まず最初に、フルーツを使ったカクテルをおすすめすることを修業時代から学んできました。アルコールを下げることによる物足りなさは、フルーツの香りと甘さで補うことができるからです。またアルコールを低くといったときに、お客様の方でもフルーツを使ったものを連想されることが多いからです。

次に、そのときに使用するフルーツで注意するのは、年間を通して安定して手に入るものを使うようにすることです。例えばイチゴやザクロなど、季節のフルーツは、そのお客様が次に来店されて「あのカクテルをもう一度」と言われたときに、旬以外の時期ではご対応できないことになるからです。

さらに、どんなにバーに慣れたお客様でも、「アルコールを○％にしてほしい」というように、度数まで具体的にリクエストされることはありません。またバーに慣れないお客様の場合、「低めです」といってカクテルを作っても、何を基準にして低いのかが分からず、ご心配になられます。そこでご提案の際には、使うボトルを提示して、「ベースに使うこのスピリッツは、アルコールがこのくらいです。カクテルではフルーツを半分くらい入れますから、トータルでワインやシェリーくらいのアルコール分になります」といった、分かりやすい具体的な表現でお伝えするようにしています。

最後に、カクテルではフレッシュ・フルーツを使ったら、皮に油分のあるものは、必ず仕上げにピールを絞りかけ、香りを強調するようにしています。このことで、グラスに口を近づけたときにまず最初に香りの良さを第一印象で感じていただき、アルコール感に意識が行きにくいようにもしています。

またピールを絞りかけるという作業は、他業種の飲食店ではほとんど見られないものですから、そのことによる演出効果でお客様に“バーに来てカクテルを楽しむ”というシーンを、より意識していただき、カクテルを楽しんでいただくようにしています。

バー カプリス
■住所　東京都渋谷区道玄坂2-6-11
　　　　鳥升ビル地下1階
■電話　03-5459-1757
■営業時間　18:00〜翌1:00（L.O.翌12:30、
　　　　　　日曜日は23:00まで、L.O.22:30）
■定休日　火曜日、祝日

Valencia

バレンシア

ショート・カクテルで、アルコール分の低いものの代表的格といえばバレンシアです。この
カクテルは、アプリコット特有の甘さと、オレンジの華やかな甘みと香りのバランスが取れ
ていて、非常に美味しいカクテル。ショート・カクテルながら、アプリコット・リキュールを
加減してもアルコール分は12〜14％です。ここでは、さらにアルコール分を下げるために、
アプリコット・リキュールとオレンジ・ジュースとの配合を逆にしました。また定番では加える
オレンジ・ビターズに代えて、仕上げにオレンジ・ピールを絞りかけ、香りを引き立たせました。

アプリコット・リキュール … 1/3
フレッシュ・オレンジ・ジュース … 2/3
グレナデンシロップ … 1tsp

オレンジ・ピール

1 材料をシェークしてグラスに注ぐ。
2 オレンジ・ピールを絞りかける。

BOLSのアプリコット・リキュー
ル。アルコール分は24％。こ
こでは定番と逆の1/3（20ml）
を使用し、低アルコールのカ
クテルにした。

French Yellow

フレンチ・イエロー

ABV
4.9%

使用するリキュールが、どちらもフランス産の黄色いリキュールであることから名付けた、オリジナル・カクテルです。「SUZE」(スーズ)は、別名、「フランス版のカンパリ」とも呼ばれることから、その苦みが想像できるリキュールで、朝鮮人参にも似た独特な味わいです。それとグレープフルーツ・ジュースを合わせ、仕上げに「シャルトリューズ・ジョーヌ」をフロート。ハーブの香りを加えます。ひと口飲むと、「シャルトリューズ・ジョーヌ」の爽やかな甘みに加え、グレープフルーツと「SUZU」との異なる苦みが、複雑で奥行きのある飲みごたえを感じさせることで、アルコールの低さを補いました。こちらのカクテルには、グレープフルーツのピールを絞りかけて仕上げます。

「SUZE」… 30 ml
フレッシュ・グレープフルーツ・ジュース
… 90〜100 ml
「シャルトリューズ・ジョーヌ」… 1 tsp

グレープフルーツ・ピール

1 氷を入れたコリンズグラスに、「SUZE」とフレッシュ・グレープフルーツ・ジュースを注ぎ、ステアする。

2 「シャルトリューズ・ジョーヌ」をフロートする。

3 グレープフルーツ・ピールを絞りかける。

「SUZE」は、リンドウ科の植物の根を使った、ある種、朝鮮人参にも似た独特の苦みが特徴のリキュール。アルコール分15％。

薬草系リキュールで、爽やかさの中に蜂蜜のまろやかな甘さがある「シャルトリューズ・ジョーヌ」。「SUZE」と合わせて、複雑な苦みを演出する。

カクテルバー **馬車屋**

辰巳 ナオキ

オーナーバーテンダー

ホテルでバーテンダーの道に。師匠の店で修業後、神戸「アルフ」で独立。その後、大阪・北新地に移って「アスラン」を開業し14年営業。2003年に閉めた師匠の店の屋号を師匠の了解の下に受け継ぎ、2018年に現在の店を出した。

フルーツと同系統の酒やシロップを組み合わせ、アルコール分の低さに代わる満足感を演出します

ホテルを皮切りにバーの世界に入り、神戸で修業後、神戸や大阪・北新地で自分の店を営業してきました。そして2018年に、修業先の師匠の店の屋号を受け継いで、現在の場所で営業しています。

私の店では、旬のフルーツを仕入れ、店でさらにある程度まで熟成させたものを常時十数種類置いてフレッシュ・フルーツ・カクテルを作っていて、それが名物になっています。元々が女性にも楽しめるようにと低アルコールにしていて、気軽にオーダーしていただけるようにと、店では「ぐびぐび系カクテル」と銘打って、黒板に書き出して提供しています。

最近のお客様を拝見していると、よりアルコール感を感じないものを求める人が増えているように思えます。強いお酒で酔っぱらうというより、気分良くお酒の場を楽しむという人が増えたのではないでしょうか。そうしたお客様が増えたこともあって、「ぐびぐび系カクテル」が人気を集めるようになったのだと思います。

私自身、フルーツ・カクテルのベースにしているのは、アルコールではなくフルーツで、あとは副材料と考えています。アルコール分としてはビールと同じくらいになることを意識して作っています。このため組み合わせるスピリッツなどは、アルコールの高いものをベースにしないようにしています。例えばスタンダードのフルーツ・カクテルの場合でも、オーダーがあれば他のアルコール分の低いものをベースにするよう心がけています。

さらに、一般的にアルコール分を下げるためには、フルーツの甘みと香りを上げることがどうしても必要になりますので、リキュールやシロップをうまく使います。カクテルでフルーツを使う場合、別の風味の素材でバランスを取ることがよく行われますが、私は、例えばリンゴにはリンゴのリキュールやシロップを合わせます。フルーツと同系統の素材を使うのが、『馬車屋』のカクテルの特徴です。

またあえてフルーツの繊維質を残してフルーツをそのまま飲んでいる感じを出すことや、フレッシュのフルーツよりもさらにフレッシュ感を感じさせることも、アルコール分の低さに代わる満足感にしています。

カクテルバー 馬車屋
■住所　兵庫県神戸市中央区中山手通1-14-12
　　　　ゴールドウッズ85番地ビル2階
■電話　078-332-8087
■URL　https://www.facebook.com/
　　　　nhathrun0411
■営業時間　15:00〜24:00
　　　　　（23:30ラストオーダー）
■定休日　不定休

HOTな みかん

ABV
5.5%

ホット・カクテルが数ある中でも、フレッシュ・フルーツを使ったものは、なかなか見かけないでしょう。しかし、私の店では冬場に人気のカクテルです。みかんと同じ柑橘のリキュールであるグランマルニエを加えることで、みかんの味わいを高めています。ホット・カクテルにすることで、グラスに口を近づけると、柑橘の香りがより強く感じられ、アルコール感の弱さを感じさせません。温州ミカンは小粒のもので、甘いだけでなく、ある程度の酸味もある、みかんらしい味わいのものを使うのがポイントです。お湯で味わいが薄まりますので、洋梨のシロップで味わいを補強します。粗く潰したみかんが、視覚的にもフレッシュ・フルーツを食べているという満足感につながります。

温州みかん … 小1個
お湯 … 90ml
グランマルニエ … 30ml
洋梨のシロップ … 10ml

ドライ・ブラッドオレンジ

1 温州みかんは皮をむき、グラスに入れ、お湯を注いでペストルで軽く潰す。

2 残りの材料を加え、軽くステアする。

3 ドライ・ブラッドオレンジを飾る。

洋梨のシロップは、低アルコール化の際、味わいの補強に役立つ素材。フルーツ全般に向く。

いちご イチゴ

ABV
2.9%

イチゴは嫌いな人がいないほど、日本人が大好きなフルーツ。そのイチゴを使い、イチゴそのものを食べているようなカクテルを作りました。イチゴの濃厚な甘い香りで、ひと口飲んで「イチゴ」を強く意識できますので、アルコールの低さをまったく意識せずに楽しむことができます。このカクテルでは、主材料に加え、リキュール、シロップと、全てにイチゴを使用して、その上で低アルコールに仕上げています。さらにイチゴの甘さとのバランスを取るために、レモン・リキュールを加えた後で味見をし、仕上げに国産レモンを絞って加えます。

イチゴ … 3粒
イチゴ・リキュール … 25ml
イチゴ・シロップ … 15ml
レモン・リキュール … 10ml
レモン・ジュース … 10ml

イチゴ

1 イチゴはヘタを取り、ティンに入れてペストルで潰す。

2 残りの材料を入れて、ボストン・シェーカーでシェークする。

3 グラスに注ぎ、イチゴを飾る。

イチゴのリキュールを使い、フレッシュのいちごの風味をさらに強化。アルコール分15％。

デカイパー社が作るレモン・リキュールで、イチゴの甘さとのバランスを取る。アルコール分20％。

キューイQ

フルーツの美味しさを現わす時に、メディアなどでは糖度がどれだけ高いかを紹介することが多いものですが、私はそれと同様に酸度も重要だと思っています。実はフルーツは、それぞれの酸度が近いものほど相性が良いのです。このカクテルでは、キウイにグレープフルーツ組を合わせました。キウイとグレープフルーツは、比較的酸度が近いので、合わせると美味しくなるのです。フルーツの組み合わせで美味しさを高められますので、お酒はアルコール分が17％のキウイ・リキュールを使い、2.9％とかなり低アルコールのカクテルになりますが、満足感の高い一杯に仕上がります。シロップは、フルーツの甘みに応じて変化させます。

キウイ … 1/2個
グレープフルーツ・ジュース … 45ml
キウイ・リキュール … 45ml
シロップ … 15ml

キウイ

1 キウイは皮を除き、適当な厚みにスライスする。
2 ティンに1を入れ、ペストルで軽く潰す。
3 グレープフルーツ・ジュース、キウイ・リキュール、シロップを入れ、ボストン・シェーカーでシェークする。
4 グラスに注ぎ、スライスしたキウイを飾る。

りんごラッタ

ABV
5.2%

私の店の大人気カクテルです。元々は梨のカクテルを考えていて、フルーツにミルクを合わせると面白いカクテルになると思ったのがきっかけでした。そこから、リンゴと合わせても美味しいと思い、作り始めました。1年中出すことを考えて、リンゴはジョナゴールドを使っています。潰しやすく、甘みがカクテルによく合います。リンゴのリキュールをはじめ、材料全てをシェークしたら、あえて濾さずにグラスに注ぐこともポイント。リンゴのシャリシャリ感を残すことで、「リンゴを飲んでいる」ということをお客様に意識していただきます。冬場は温めたミルクを使い、スローイングでホット・カクテルとしても出せます。

フレッシュ・りんご … 1/8個
りんご・リキュール … 30ml
ヨーグルト・リキュール … 15ml
ミルク … 45〜50ml
プレーン・シロップ … 10ml

りんご

1 りんごはペストルで粗く潰す。

2 りんご・リキュール、ヨーグルト・リキュール、ミルクとプレーン・シロップを、2ピース・シェーカーでシェークする。

3 グラスに注ぎ、スライスしたりんごを飾る。

青リンゴの爽やかな香りが特徴のリンゴのリキュールを加え、フレッシュ感を高めた。アルコール分は20％。

ブルーベリーベリー

ABV
11.1%

130

ブルーベリーは、今では海外からのフレッシュも入手できるようになりましたが、カクテル用としては初夏に出回る国産品が使いやすいようです。それにブルーベリー・リキュール、ウォッカ、ヨーグルト・リキュールとクランベリー・ジュースを加えてバーミキサーで回します。ブルーベリー自体、甘みはまろやかですので、味見をしてから、リキュールで甘みと旨味を、クランベリーで酸味を補強します。ヨーグルト・リキュールは、フルーツとアルコールとのつなぎ役で使っています。アルコールに弱いお客様には、さらにウォッカ無しでも作れます。その場合は、アルコール分は5.6％になります。

フレッシュ・ブルーベリー … 10〜15粒
ブルーベリー・リキュール … 20ml
ウォッカ … 15ml
クランベリー・ジュース … 10ml
ヨーグルト・リキュール … 10ml

ブルーベリー

1 飾り用ブルーベリー以外の材料を、クラッシュ・アイスとともにバーミキサーに入れて回す。

2 氷を入れたロック・グラスに注ぎ、ブルーベリーを飾る。

フルーツとアルコールのつなぎ役として用いるヨーグルト・リキュール。アルコール分は15％。

ザ ワールド ジン アンド トニック アントニック
The World Gin&Tonic 〔Antonic〕

宮武 祥平

マネージャー

金融機関で4年間の勤務の後、友人でもあった『アントニック』ディレクターの武田光太氏の招きで同店に入社。オープン時から、バーテンダー兼ストアマネージャーを務める。

専門店ならではの工夫で、ジン・トニックを、さらに低アルコールカクテルに

『アントニック』は、日本初のジン・トニック専門店です。

若者層を中心とした昨今のアルコール離れや、年上の人を通じてバーを紹介されることが減っているためか、オーセンティックなバーを知る機会は年々失われてきています。特に若者層にとっては、行き馴れないバーは敷居が高いもの。まず入りにくい。それにメニュー表のないところが多く、価格もオーダーの仕方も分からない、というのが理由でしょう。

そうした中、もっとバーを知る人、愛する人の母数を増やしたいと考え、"バーの入門編"として、誰もが知るカクテルのジン・トニックに焦点を当て、その専門店として、2020年10月31日にオープンしました。ノーチャージで価格は税込800円、1000円、1200円の3プライス。メニューは全てInstagramから見ることができ、ジンを選ぶだけでジン・トニックとして提供される、分かりやすくオーダーしやすいスタイルが特徴です。

ジンは新製品が最も活発に出る酒。そこで『アントニック』ではトニック・ウォーターとの相性を第一に、銘柄を入れ替えながら、北欧から南米まで、世界中様々な国のジンを120種類以上揃えています。ジン・トニックのレシピ・分量は基本的に全て固定し、ジンの違いだけを比べて感じられるようにしています。

実は『アントニック』では、ジンの割合をスタンダードなジン・トニックの配合よりも減らし、通常営業でもアルコール分を7〜8％と、オーセンティックバーよりも低めにして提供しています。これは、まだアルコールを飲み慣れない若者層にも飲みやすく感じてもらうことと、ジンの面白さを感じていただくために、1杯飲んだだけで帰るよりも、個性の違うジンを飲み比べてほしい。そのため酔いにくくするという配慮もあります。

本書での取材にあたりましては、「低アルコール」と謳えるよう、アルコール分を通常営業のさらに半分ほどの3.5〜4％に抑えて出すレシピを考案しました。このアルコール分でも物足りなさを感じさせず、ジン・トニックを飲んでいると感じさせる味わいに仕上げるよう、配合を工夫しました。

**ザ ワールド ジン アンド トニック
アントニック**

- ■住所 東京都目黒区東山1-9-13
- ■電話 03-6303-1729
- ■URL https://www.instagram.com/antonic.gin/
- ■営業時間 17:00〜23:00（金曜日は24:00まで。日曜日は13:00から。土曜日、祝前日は13:00〜24:00）
- ■定休日 不定休

桜尾ネーブルオレンジリキュールの
ジン・トニック

ABV
3.5~4%

アルコール分を下げると、どうしても物足りなさが出てしまうというマイナス面をカバーするために、香りを強化する方法があります。ここではジンに何かの香りを足すのではなく、ネーブルオレンジをジンに漬け込んで作るジン・リキュールを使いました。ネーブルオレンジの甘い香りとともに、リキュールの持つ軽い甘みもあり、ジンに慣れないかたにも爽やかに楽しめるカクテルになっています。さらに香りを高めるために、ガーニッシュにはドライ・オレンジを添えました。

「SAKURAO GIN LIQUEUR NEVEL ORANGE」
… 20 ml
トニック・ウォーター「シュウェップス」… 100 ml

ドライ・オレンジ

1 氷を入れたグラスに「SAKURAO GIN LIQUEUR NEVEL ORANGE」を注ぎ、ステアして冷やす。

2 トニック・ウォーターで満たし、ドライ・オレンジを飾る。

広島産のクラフト・ジン「桜尾ジン」を製造する SAKURAO DISTILLERY が 2021 年 11 月に発売した、ネーブルオレンジを使ったジン・リキュール。アルコール分は 23 ％。

Revive Revival
リバイブ・リバイバル

ABV
3 %

ジン・ベースのカクテルである「コープス・リバイバーNo.2」を、低アルコールで『アントニック』風に再現したカクテルです。元のカクテルは、ジンにコアントローやレモンなど柑橘系の素材と、アブサンが配合されますので、ここではオレンジやシナモンの香りのジンを使い、アブサンはノンアルコールのものを組み合わせ、トニック・ウォーターで満たしました。アブサンの個性が加わった、モダンな感覚のジン・トニックになっています。

「GOLD 999.9 GIN」… 10 ml
「ノンアルコールジン・ネマ0.00％アブサン」
… 10 ml
トニック・ウォーター「シュウェップス」… 100 ml

ドライ・ライム

1 氷を入れたグラスに「GOLD 999.9 GIN」と「ノンアルコールジン・ネマ0.00％アブサン」を注ぎ、ステアして冷やす。
2 トニック・ウォーターで満たし、ドライ・ライムを飾る。

金色のボトルが目印の、フランス・アルザス地方で作られるクラフト・ジン。ジュニパーベリーの他、11種のボタニカルを使用。ハーバルで、少し甘い香りもある。アルコール分は40％。

ニガヨモギやフェンネルなど9種類のボタニカルが使用された、アブサン風味のノンアルコール・ジン。

POPSMITH

ポップスミス

ABV
3.5~4%

"王道"のジン・トニックの味わいを、低アルコールで再現したカクテルです。ジンには「シップスミス」を使い、使用量を10mlに控えました。ただそれだけでは、さすがに香りが弱くなってしまいますので、ノンアルコール・ジンを同量合わせ、それをトニック・ウォーターで満たしました。これでもジンに関係する味わいの配合は、スタンダードなジン・トニックの3分の2ですが、ジンもノンアルコール・ジンも非常に香り高いものを使用していますので、アルコール分がこれだけ低くても、物足りなさは全く感じられません。

「SIPSMITH」… 10 ml
「SEEDLIP SPIE 94」… 10 ml
トニック・ウォーター「シュウェップス」… 100 ml

ドライ・レモン

1 氷を入れたグラスに「SIPSMITH」と「SEEDLIP SPIE 94」を注ぎ、ステアして冷やす。

2 トニック・ウォーターで満たし、ドライ・レモンを飾る。

伝統的な製法で作るロンドンドライジンで、スパイシーな辛みがあって力強く、華やかな香りが特徴。アルコール分は41％。

英国産のノンアルコール・ジン。レモンピール、グレープフルーツ・ピール、ピメント・ベリーなど世界中から集めた素材を蒸留して作る。スパイシーで、柑橘の爽やかな香り。

フグレン トウキョウ
FUGLEN TOKYO

荻原 聖司

店舗マネジメント＆
バーテンダー

都内有名店で3年間バリスタの修業
を積んだ後、2017年に『フグレン
トウキョウ』に入社。バーテンディン
グの知識・技術を学ぶ。2020年より
『フグレントウキョウ』のバーマネージ
ャーに就任。2021年からは富ヶ谷
店のストアマネージャーも務める。

コーヒーに力を入れるカフェとして。
カクテルに合った個性のコーヒーを
利用して、飲みやすさも重視する

『フグレン』は、ノルウェー・オスロで1963年から続くコーヒーショップです（現在、日本では4店舗を展開中）。

その海外1号店である富ヶ谷店は、コーヒー、カクテル、ヴィンテージ・デザインがコンセプト。昼間は自社で焙煎したコーヒー豆を用いた魅力的なコーヒー・メニューを揃え、さらに18時以降の時間帯には、バー・タイムとしてスタンダードなカクテルのほか、ミクソロジー・カクテルやモクテルもご提案しています。カクテルの内容は、オスロと共通のメニューもありますが、独自のメニューも多く、日本ならではの素材を加えたりもしています。

富ヶ谷店は繁華街・渋谷の喧騒から離れた、いわゆる"奥渋谷"という場所に位置することから、メインとなるお客様は、周囲の会社にお勤めの感度の高い人たちで、年齢的には20歳台以上の若者層です。

世代的なものなのか、アルコールの強いドリンクにもバー文化にもあまり密接でない人が多いようで、カクテルではアルコール分の高くないものをオーダーするかたの比率が多いようです。

またカフェを利用するのと同じ意識で夜の時間帯を利用する人もいらっしゃいます。そこでカクテルは、そうしたかたにも関心を持ってもらい、気軽にご注文いただけるよう、昼のドリンクの延長線上でオーダーしやすいことを重視して、難しすぎず、イメージとしても低アルコールで飲みやすい内容のものをご用意するようにしています。

実際にアルコール分を下げるに当たっては、どうしてもアルコールのインパクトが弱くなってしまいますので、それを補うために、香り、甘みや、スパイスなどの要素でバランスを取るように用いて、ボディ感を出すようにしています。144ページのカクテルのように、ガーニッシュにスパイスを使い、スピリッツをスプレーして火を点け、香りと見た目のインパクトも楽しめるカクテルは好評です。

また香りの面では、コーヒーショップという強みを活かして、様々な個性のコーヒーをカクテルに合わせて使い分けた、『フグレン』ならではのオリジナルのコーヒー・カクテルもご提案しています。

フグレン トウキョウ
■住所　東京都渋谷区富ヶ谷1-16-11
■電話　03-3481-0884
■URL　https://fuglencoffee.jp/
■営業時間　7:00〜翌1:00（月曜日、火曜日は22:00までで、バータイムは無し。ただしカクテルはオーダー可）
■定休日　無休

Cinnamon Frappe

シナモン・フラッペ

ABV
6.1%

通常の時間帯では、「シナモン・フラッペ」として提供するアレンジ・コーヒーのナイト・タイム版で、女性が飲みやすいスイーツ・カクテルとして考案しました。本来のアルコール分は12％ありますが、それをここでは、6％の低アルコールにさらにツイストしています。コーヒーは、エルサルバドル産の豆を使ったエスプレッソ。ホワイト・ラムを通常の半量にし、その代わりにシロップと仕上げのスパイスの量を増やし、甘さと香りでボディ感を出しました。甘さはありますが、後を引かないすっきりとした後味になっています。

ホワイト・ラム … 15 ml
アマレット・リキュール … 5 ml
エスプレッソ … 30 ml
ミルク … 20 ml
生クリーム … 25 m
シナモン・シロップ … 20 ml

ナツメグ（パウダー）
コーヒー粉

1 材料を2ピース・シェーカーで、少し長めにシェークする。

2 バーズ・ネストで濾し入れ、ナツメグとコーヒー粉をふりかける。

使用したラムは「PLANTTION 3STARS」。口当たりなめらかで、バランスが取れた味わいのものを使用。アルコール分は41.2％。

使用する豆は、「Santa Gregoria / El Salvador」。エルサルバドル産のコーヒーとしては珍しく、しっかりとした果実味とフローラルさが特徴。スイーツ・カクテルとして合わせるエスプレッソには非常に相性が良い。

Long Slumber

ロング・スランバー

ABV
5.3 %

自家製コーヒー焼酎の、トニック・ウォーター割りです。仕上げにアルコール分が50％のアブサンをグラスに吹きかけ、またガーニッシュにも吹きかけてから、火を点けるのがポイント。アブサンの香り、ガーニッシュのレモンとクローブが焼ける香りで、アルコール感の弱さをカバーし、そして炎で夜の雰囲気も演出します。カクテルでは、トニック・ウォーターだけだと甘くなってしまうので、ソーダも半量加えます。

コーヒー焼酎（※）… 20ml
アブサン … 5ml
フレッシュ・レモン・ジュース … 5ml
トニック・ウォーター… 70ml
ソーダ … 40ml

ドライ・レモン
クローブ

アブサン・スプレー

1 グラスにコーヒー焼酎、フレッシュ・レモン・ジュース、アブサンを注ぎ、氷を入れて軽くステアする。

2 トニック・ウォーターとソーダで満たす。

3 ドライ・レモンとクローブを飾り、アブサンをスプレーし、火を点ける。

※コーヒー焼酎

アルコール分40％の麦焼酎「千年の眠り」に、浅煎りの「Chelbesa/Ethiopia」のコーヒー豆を使用。クランベリー・キャンディーのような甘さとティーライクな印象があり、焼酎と合わせてもキャラクターが負けない。豆を1日漬け込み、コーヒーの香りだけを抽出。

アブサンは、そのまま用いるのではなく、スプレーして使う。香りでアルコール感を感じさせるために用いている。

ジ・オリエンタル

THE AURIENTAL

南　和樹

オーナーバーテンダー

大学時代、母の店を手伝いつつ、バーでのアルバイトがきっかけで本格的なバーの世界に興味を持ち、「オーガスタ・ターロギー」入店。6年の修業後、「ザ・リッツ・カールトン大阪」のメインバー「ザ・バー」にて7年間勤務。2017年5月に『ジ・オリエンタル』をオープン。

ハーブ、スパイスに加え、「お茶」を組み合わせ、低アルコール化での"物足りなさ"をカバーします

「オーガスタ・ターロギー」(68ページ) での6年の修業の後、ホテルのバーに勤めてから独立しました。希少ボトルも揃えたウイスキーに加え、旬のフルーツを使ったカクテルをお出ししていますが、大阪を代表する繁華街の店として、それ以外に店独自の個性が必要かと思い、ハーブやお茶を使ったオリジナル・カクテルも揃えています。また最近ではブランデーにも力を入れています。

ハーブやお茶に力を入れるようになったのは、ホテル時代にイベントのメニューとして、様々な素材でカクテルを作る機会に恵まれ、バーでは普段触れ合わない素材をカクテルに使ったことがきっかけでした。現在では和洋中華のお茶やハーブ・ティーを扱い、カクテルに使用しています。

お茶は世界で様々な種類がありますし、日本のものだけでも個性豊かな素材が揃っています。お茶特有の苦みや渋みだけでなく、香ばしい香りのものもあります。中華の半発酵茶などは華やかな味わいも楽しめます。抽出方法でも変化が出せるので、様々なカクテルに使っていけると思います。

低アルコール・カクテルでは、スピリッツなどのお酒を減らすだけでは単調になってしまいます。アルコールによる厚みがなくなる分、どうしても飲み応えが弱く、ぼやけた感じの味わいになっていまいます。

そこでフルーツの甘みなどに加えて、ハーブやスパイスを組み合わせて、アクセントや複雑さを出すことがポイントになってきます。ハーブやスパイスをインフュージョンして、お酒の個性を際立たせ、それによって少ない使用量でも満足感を出すのも一つの工夫です。

また、そこにもう一つの違ったアプローチとしてお茶を組み合わせることで、苦みや渋み、旨味によって、全体の味を引き締めることができます。それまでのカクテルにない満足感を出すこともできます。

特にフルーツ・カクテルで低アルコール化する際は、お酒を減らすことでアルコールの旨味が弱くなるわけですから、ハーブや他の素材を組み合わせてジュースとの境目を付け、味わいにアルコール感を演出できるよう意識しています。

ジ・オリエンタル
■住所　大阪府大阪市北区曽根崎新地1-5-7
　　　　森ビル3階
■電話　06-6348-1008
■URL　https://www.facebook.com/
　　　　THEAURIENTAL/
■営業時間　17:00〜翌1:00
■定休日　不定休

トリュフ香る
ゴボウのフレンチミュール

ABV
4.1%

ブランデー版のモスコーミュールです。フランス料理で、ブランデーにトリュフを漬け込み風味を移す技法があったことをヒントにして、トリュフ風味のブランデーを使ったモスコーミュールで低アルコール・カクテルを作りました。トリュフ風味のブランデーは、それだけで風味が強いので、ウォッカで作る通常の配合からはアルコールを半量に抑えても満足感が得られます。さらにゴボウ茶リキッドも加えて香ばしい風味を強化し、アルコール分が低くても飲み応えが出るようにしました。ガーニッシュにもトリュフ塩をふったゴボウチップスを用いて、トリュフの風味も楽しませます。

トリュフ風味ブランデー（※）… 15ml
ゴボウ茶リキッド（※）… 30ml
おろし生姜 … 1/2 tsp
ジンジャーエール … 90ml

ゴボウチップス
ライム

1 トリュフ風味ブランデー、ゴボウ茶リキッド、おろし生姜をグラスに入れる。

2 ジンジャーエールで満たし、ライムを絞り入れ、ゴボウチップスを飾る。

※トリュフ風味ブランデー

刻んだトリュフをブランデーに1週間程度漬け込み、濾す。

※ゴボウ茶リキッド

沸騰した湯にゴボウ茶を入れて煮出し、それを1/5程度に煮詰める。

Chamomile&Elderflower

カモミール・アンド・エルダーフラワー

ハーブ・ティーを使ったカクテルの低アルコール版です。「タンカレーNo.10」のボタニカルには、カモミールも使われていることに注目して、さらにカモミールをインフュージョンすることで、このジンの個性を際立たせました。こうすることで、「タンカレーNo.10」の使用量は減らしても、パンチは弱くなりません。カモミール特有のリンゴのような華やかな香りと相性の良い素材として、マスカット系の爽やかな香りを持つエルダーフラワーを、コーディアルにして組み合わせました。エルダーフラワー・コーディアルは、少し控え目にして甘くならないようにしています。

:・カモミールを漬け込んだ「タンカレーNo.10」（※）
　　… 15ml
:・エルダーフラワー・コーディアル（※）… 20ml
:・フレッシュ・レモン・ジュース … 15ml
:・ソーダ … 80ml

1 ソーダ以外の材料をシェークする。
2 グラスに注ぎ、ソーダで満たす。

※カモミールを漬け込んだ 「タンカレーNo.10」

「タンカレーNo.1」にカモミールを低温で48時間程度漬け込み、濾す。

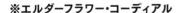

※エルダーフラワー・コーディアル

エルダーフラワー30g、砂糖200g、水250g、国産レモン1/2個

1 加熱した湯に砂糖を加えて溶かし、40℃程度まで冷ます。

2 1にエルダーフラワー、レモン果汁、レモンの皮を加えて混ぜ、24時間程度馴染ませてから、濾す。

Strawberry&Rose Rossini

ストロベリー・アンド・ローズ・ロッシーニ

ABV
4.7%

イチゴとシャンパンで作る「レオナルド」を、低アルコール化したカクテルです。通常のレシピでは、イチゴとシャンパンは1対1にすることが多いこのカクテル。そのシャンパンを減らしてアルコール分を下げただけでは、炭酸の刺激も減ることになってしまいます。味が薄く単調にもなってしまうので、炭酸を補いつつ、イチゴとのバランスも崩さないようにと、糖分の無いもので炭酸ガスの入ったものを探し、ソーダメーカーを使うアプローチにたどり着きました。ここではバラ科のイチゴに合わせて、ローズ・ティーをソーダにすることで、味わいにも香りにもさらに複雑さを持たせています。

イチゴ・ピューレ … 60 ml
シャンパン … 45 ml
ローズ・ティー・ソーダ（※）… 15 ml

1 イチゴは熟したものを潰して、ピューレ状にしておく。

2 フルート・グラスにシャンパンを注ぐ。

3 1のイチゴ・ピューレに少しシャンパンを入れてなじませ、3に注ぐ。

4 ローズ・ティー・ソーダで満たす。

※ローズ・ティー・ソーダ

ローズ・ティーを作り、冷蔵庫で冷やしたら、ソーダメーカーにかけて炭酸を注入し、ローズ・ティー・ソーダにする。

Auriental Garden

オリエンタル・ガーデン

ハーブとフルーツの香りをまとった、爽やかなジュレップ・スタイルのカクテルです。ホテルで働いていた時にイベント用として考え、ワールドクラスの大会にも出品したことがあるカクテルを、低アルコール化したものです。そのレシピのライチ・リキュールの量を減らし、代わりにジャスミン・ティーで渋みと香りを、グレープフルーツで酸味と渋みを出して、締まった味わいに仕上げています。飲んだ時にタイムが香るように、クラッシュ・アイスとともにタイムの葉を加えてステアしています。アルコール分は低くても、香りの良さと渋みがアクセントになり、飲み応えがあります。

ライチ・リキュール … 10 ml
ジャスミン・ティー … 80 ml
フレッシュ・グレープフルーツ・ジュース … 10 ml
シュガー・シロップ … 5 ml
タイム … 少々

タイム

1 グラスにライチ・リキュールとジャスミン・ティー、グレープフルーツ・ジュース、シロップを加え、軽くステアしたら、タイムの葉を加える。

2 クラッシュ・アイスを入れてよくステアする。錫のストローをさし、タイムを飾る。

リキュールの量を減らす代わりに使用したジャスミン・ティー。特有の香りと渋みで味わいを引き締め、全体の印象がぼやけないようにする。

吟醸メロンのフローズン・カクテル

ABV
3.1%

メロンのフローズン・カクテルです。元は、「獺祭　焼酎」で作っていたカクテルで、ここではメロンの香りと同系統の吟醸香が、「獺祭」の中でも一番強いものを使って、低アルコール化しました。全体が水っぽくならないよう氷は一切使わず、メロンを潰してピューレ状にしたものを製氷皿で凍らせてから使うことで、フローズン・タイプに仕上げます。焼酎を大吟醸酒に代え、フローズンにしたことで、味がぼやけないよう、さらに水出し玉露も加え、まろやかな苦みと渋みで味を引き締めました。メロンは通年で出せるよう、クラウンメロンを使っています。味を見て、熟し加減によっては加糖しても良いと思います。

メロン・ピューレ（冷凍）… 120 ml
「獺祭　純米大吟醸　磨き三割九分」… 40 ml
水出し玉露 … 20 ml

「獺祭」焼酎

1 メロンは、熟したものを潰してピューレ状にし、製氷皿に移して冷凍庫で冷凍しておく。

2 1と焼酎以外の残りの材料をブレンダーに入れて回す。

3 グラスに注ぎ、「獺祭　焼酎」を垂らす。スプーンを添える。

メロンと同系統の香りである吟醸香が「獺祭」の中でも一番強いものを使用し、香りの統一感を出した。アルコール分は16％。

低アルコール化で全体の味がぼやけないようにと使用した、水出し玉露。茶葉の旨味がメロンの甘さを補い、まろやかな苦みと渋みで味を引き締める。

バーリーフ
Bar Leaf

槇永　優
オーナーバーテンダー

兵庫県生まれ。2002年、国土交通省航空保安大学校・航空情報科卒。2008年、大阪「Bar Leigh」にてバーテンダーの世界に入る。12年の勤務中、サントリー・ザ・カクテルアワード2012第1位、ワールドクラス日本大会2017第1位など、様々なカクテル・コンペティションで受賞。2020年に『Bar Leaf』を開業。

クラシック・カクテルをベースに、飲みやすく「低アルコール」化し、気軽に接してほしい

オーセンティックなバーが多い神楽坂で、2020年6月にオープンしました。神楽坂で個性を出していくために、ウイスキーやホワイトスピリッツもバランスよく揃えてはいますが、カクテルを中心に楽しんでいただく店としてお客様に対応しています。

独立前には、いろいろなカクテルの大会に参加し、審査員を務めたこともあります。そうした大会では最先端のカクテルがたくさん出品されますので、業界のトレンドを知ることの大切さを感じ、海外情報などを積極的に調べていて、そうした情報は、自分の知識としてだけでなく店でも発信してお客様にも知ってもらいたいと思っています。

その一環で、毎年出ている「世界の人気クラシック・カクテル」トップ50を店内で表示したり、低アルコール・カクテルやモクテルをメニューに出したりしています。具体的に言うと、「世界の人気カクテルランキング2022」において、上位にランクしているカクテルを中心にピックアップし、より飲みやすくしたり、低アルコール化したりしたものをホームページで紹介しています。

日々、お客様と接する中で感じるのは、低アルコール・カクテルは近年の業界のトレンドになってきているのではないかということです。コロナ禍を機に営業開始時間を早くし、それに合わせて早めに来店されるお客様もいらっしゃいます。そうしたかたは、アルコールの濃いカクテルは注文されないことが多いもの。そこで低アルコールのカクテルが求められていると感じます。

私の店としては、クラシック・カクテルを、もっと知ってほしいという想いを持っています。しかしその多くがアルコール分の高いもので占められているのも事実。そのため注文しにくいというお客様もいらっしゃいますので、それらのカクテルをベースに、アルコール分を落として飲みやすくすることが多いのです。

アルコール分を下げるに当たっては、単純に使用するスピリッツの量を減らすだけだと水っぽくなってしまいますので、その分、甘み、旨み、苦みなどを多めにすることも手法の一つにしています。

バー リーフ
- ■住所　東京都新宿区神楽坂2-21-9　MTビル1階
- ■電話　03-4361-5220
- ■URL　https://barleaf2020.com/
- ■営業時間　14:00〜翌1:00
- ■定休日　不定休

La Feuille

ラ・フィーヌ

当店の新たな低アルコール・シグネチャー・カクテルになればと思い、創作したカクテルです。世界のカクテル・ランキングの2022年第1位である「ネグローニ」のアルコール分を落とし、飲みやすくアレンジしています。ジンは、大阪生まれの「六」を使用。私にとっては、日本料理店の多い神楽坂は、ほうじ茶のイメージ。それにワインの香りを組み合わせました。苦みと香りは、カンパリ、ほうじ茶とビターズで出し、スイート・ヴェルモットのワイン感と甘みは、赤ワインシロップで出しています。淹れたてのほうじ茶を使いますので、ボストンシェーカーでやや長めにシェークして温度を下げます。柑橘系の爽やかな香りで「カンパリ」とも相性が良い、コブミカンの葉を浮かべました。

サントリー「ROKU〈六〉」… 20 ml
カンパリ … 10 ml
ペイショーズ・ビターズ … 2 dash
赤ワイン・シロップ（※）… 5 ml
ほうじ茶茶葉 … 1.5 g
お湯 … 50 ml

コブミカンの葉
ライム・ピール

1 ほうじ茶の茶葉にお湯を加え、30秒間抽出する。

2 1とその他の材料を加え、シェークしてカクテル・グラスに濾して注ぐ。

3 氷を1個浮かべ、コブミカンの葉を浮かべる。

4 ライム・ピールを絞りかける。

※赤ワイン・シロップ

赤ワイン100mlにグラニュー糖100gを加え、湯せんして溶かす。

カクテルの主材料で、写真左から、ジン「六」、「ペイショーズ・ビターズ」、それに温かいほうじ茶。カンパリの使用量を抑えながらも苦みを出すために、ビターズとほうじ茶を使用した。

Afternoon White Lady

アフタヌーン・ホワイト・レディ

ABV
12.1%

「ホワイトレディ」は、「マティーニ」と並ぶ人気のジン・ベース・カクテル。アルコール分は約30％と強めのこのカクテルを、低アルコールにアレンジしました。ベースのジンを3分の1ほどに減らし、その分、ベースに使用する「タンカレーNo.10」をイメージした即席ノンアルコール・ジンを加えました。またアルコール分が下がってパンチが弱まる分は、少量のシロップとオレンジ・ビターズで味わいを補っています。カクテル名は、昼下がりに飲むお客様をイメージして付けました。このカクテルのアプローチは、他のジン・カクテルをアレンジする際も、応用がきくと思います。

即席ノンアルコール・ジン（※）… 30 ml
タンカレーNo.10 … 10 ml
コアントロー … 10 ml
レモン・ジュース … 10 ml
リッチ・シンプル・シロップ … 2.5 ml
オレンジ・ビターズ … 1 drop

オレンジ・ピール

1 全ての材料をシェークして、カクテル・グラスに注ぐ。
2 オレンジ・ピールを絞りかけ、飾る。

※即席ノンアルコール・ジン

ジュニパーベリー3g、コリアンダーシード1g、クローブ2個、カルダモン1個をマドルし、カモミール1tspを加え、お湯60gを注ぎ、3分間抽出し、濾す。

Sustainable Aperol Spritz

サステナブル・アペロール・スプリッツ

ABV
2.3%

「アペロール」を使ったこのカクテルは、ボトルの裏ラベルにもレシピが掲載され、「世界の人気クラシック・カクテル」トップ50の6位に入るほどの人気。しかし日本ではあまり馴染みがありません。その理由として、その都度、発砲ワインの「プロセッコ」を開封しなければならないなど、色々な意味で提供しづらさがあるからです。その「アペロール・スプリッツ」を、サステナブルにアレンジしました。コーディアルにすることで、プロセッコのソーダ感が無くなりますので、その分はソーダを加えて仕上げます。このことでもアルコール分が下がり、飲みやすくなりましたが、プロセッコの味わいはしっかり残っています。

アペロール … 40ml

プロセッコ・コーディアル（※）… 20ml

ソーダ … 120ml

オレンジ・ピール

1 ソーダ以外をシェークして、氷が入ったワイングラスに注ぐ。

2 ソーダで満たし、軽くステアする。

3 オレンジ・ピールを絞り、飾る。

※プロセッコ・コーディアル

プロセッコ50g、グラニュー糖50g、クエン酸1g、リンゴ酸1g、酒石酸1gを加え、湯煎して溶かし、レモン・ジュース70gを加える。

イタリアの薬草系リキュール。似た味わいの「カンパリ」よりも苦みは穏やかで、オレンジ色に近い。アルコール分は11％。

Natural Amaretto Sour

ナチュラル・アマレット・サワー

一般的な「アマレット・サワー」は、アマレットの味を非常に強く感じます。アルコールの素材はアマレットだけのシンプルなカクテルですので、アマレットを半量にしてアルコール分を下げました。しかしそれだけではアマレットの個性的な香りが弱くなってしまいますので、薬草酒のアマーロや、ハニー・コーディアルといったトレンドの材料を加えることで、アルコール分を下げながらも、このカクテル本来の個性を損なわず、より飲みやすくしています。

アマレット
「アドリアティコ ローステッドアーモンド」… 20 ml
アマーロ「モンテネグロ」… 20 ml
ハニー・カモミール・コーディアル（※）… 25 ml
アンゴスチュラ・ビターズ … 4 drop
卵白 … 1個分

オレンジ・ピール
グリオッティーヌ
レモン・ピール

1 全ての材料をドライシェークした後、シェークして、氷を入れたロック・グラスに注ぐ。

2 オレンジ・ピールとグリオッティーヌを飾る。

3 レモン・ピールを絞りかける。

※ハニー・カモミール・コーディアル

カモミール3g、水75gを3分間抽出。はちみつ50g、レモン100gを加える。

アーモンドのみを使用して作られた、プレミアム・アマレット。アルコール分は16％。

甘みの中にも苦みのきいた、薬草系リキュール。アルコール分は23％。

Sunset Sherry Cobbler

サンセット・シェリー・コブラー

クラシックな低アルコール・カクテルである「シェリーコブラー」を、夕暮れの南国のビーチで飲むカクテルのイメージでアレンジしました。元々のレシピでは、シェリーにオレンジ・キュラソーとマラスキーノを1tspずつ加えたもので、アルコール分は約16%。それを現代風にすっきりと飲めるようアレンジし、さらにアルコール分を抑えています。飲みやすく、後口もすっきりとしています。ピンクペッパーとビターズの風味を、アクセントにしました。

アモンティリャード・シェリー… 60 ml
モスカテル・シェリー… 15 ml
カット・オレンジ… 1/4 個
レモン・ジュース… 5 ml
BOB'S BITERS「SUNSET」… 1 dash
ピンクペッパー・シロップ（※）… 10 ml

オレンジ・スライス
ミントの葉

1 カット・オレンジをマドルして、その他の材料を加え、シェークして、ゴブレット・グラスに濾して注ぐ。

2 クラッシュ・アイスを加え、オレンジ・スライス、ミントの葉、紙ストローを飾る。

※ピンクペッパー・シロップ

赤ワイン100mlにグラニュー糖100gを加え、湯せんして溶かしたら、ピンクペッパー（ホール）3.3g、水50g、グラニュー糖50gを鍋に加え、沸騰したら弱火で15分。濾して冷ます。

ベースは2種類のシェリー。写真左は熟成した風味が特徴のアモンティリャード。右は甘口のモスカテル。組み合わせることで、複雑な味わいを表現した。

アルコールを下げた分、アクセントとして使用したビターズ。

INDEX 索引

【カクテル分類別】

● ほか（食べるカクテル）

【製法別】

【アルコール濃度別】

低アルコール カクテル・ドリンク

発行日　令和4年6月11日初版発行

編　著　　旭屋出版 編集部（あさひやしゅっぱん へんしゅうぶ）

発行者　　早嶋　茂

制作者　　永瀬　正人

発行所　　株式会社 旭屋出版
　　　　　〒160-0005
　　　　　東京都新宿区愛住町23-2 ベルックス新宿ビルⅡ 6階
　　　　　郵便振替　00150-1-19572

　　　　　販売部　　TEL 03(5369)6423
　　　　　　　　　　FAX 03(5369)6431
　　　　　編集部　　TEL 03(5369)6424
　　　　　　　　　　FAX 03(5369)6430

旭屋出版ホームページ　https://asahiya-jp.com/

印刷・製本　株式会社 シナノ・パブリッシング・プレス